Corrado Conforti · Linda Cusimano

Linea dire

Corso di italiano a livello medi

Libro degli esercizi

Guerra Edizioni

INDICE DELLE FONTI

Copertina: © ZEFA – Masterfile (M. Tomalty), Düsseldorf
Pagina 10: Christie's London, ARTOTHEK (a destra in basso)
Pagina 34: Testo: «Via dal mare il rifugio è nel parco» di Anna Mallamo, da «Weekend Viaggi» supplemento al n. 163/1990
Pagina 45: Testo: «Senza minigonna licenziata in tronco» di G. Cecchetti da «La Repubblica» 2/3/94
Pagina 57: Testo: «I ragazzi? Tifano per Pirandello» di P. Conti da «Corriere della Sera» 5/4/95
Pagina 75: da «La Settimana Enigmistica» Nr. 3333, 10/2/1996. Per gentile concessione de «La Settimana Enigmistica» – Italia – Copyright riservato
Pagina 84: Testo: «Un padre non può rispondere del piano suonato dalla figlia» di L. Capritti da «Corriere della Sera» 15/2/95
Pagina 93: da «La Settimana Enigmistica» Nr. 3340, 30/3/1996. Per gentile concessione de «La Settimana Enigmistica» – Italia – Copyright riservato
Pagina 98: Testo: da «Ex cattedra» di Domenico Starnone © Giangiacomo Feltrinelli Editore Milano 1989
Pagina 111: Testo: «Attenti alle multe» da «La Repubblica» 1/8/95
Pagina 120: Testo: da «L'autunno della signora Waal» di Nico Orengo © Guilio Einaudi Editore 1995
Pagina 133: Testo: «Abito scandaloso. Il vescovo contro le nozze-spettacolo» di S. Cervasio da «La Repubblica» 16/10/94
Pagina 140: Disegno © Altan da «La Stampa» 3/12/94
Pagina 141: Testo: «Italia intontita, italiani voyeurs» di Raffaello Masci da «La Stampa» 3/12/94
Pagina 149: Testo: «Dimmi che paura hai ...» di M. Spina da «Panorama» 23/12/94; Foto a destra: © V. Amati, Agenzia Grazia Neri, Milano
Pagina 153: Testo: «Pecoraro» da «Nuovi racconti romani» di Alberto Moravia © R.C.S. Libri & Grandi Opere S.P.A., 1a edizione Bompiani – 1959
Pagina 160: Testo: «Allergie crisi record» di M. Pappagallo da «Corriere della Sera» 6/4/95
Pagina 164: Testo: da «Sostiene Pereira» di Antonio Tabucchi © Giangiacomo Feltrinelli Editore Milano 1994
Pagina 180: Testo: «Più ciccioni col video» da «Panorama» 7/7/95. Foto: H. Gaerte, München
Pagina 188: Testo: «Fumo, telefonini, code: l'Italia delle liti» di C. Muscao da «Corriere della Sera» 7/2/95
Pagina 198: Testo: da «Libro d'italiano» di Raffaele Simone © La Nuova Italia Editrice Firenze
© C. Conforti, Eichstätt (Pagina 11, 62, 97, 107, 174, 188)
© L. Cusimano, München (Pagina 8, 11, 28, 82, 84, 127)
© Süddeutscher Verlag Bilderdienst, München (Seite 10, 135, 138 (Scherl Archiv), 149 a sinistra (dpa), 153)

3. 2. 1.
2003 2002 2001 2000

1. Edizione

Redazione: Giovanna Rizzo
Copertina: Zembsch' Werkstatt, München
Disegni: Monika Kasel, Düsseldorf
Layout: Caroline Sieveking, München
Fotocomposizione e stampa: ROYAL MEDIA Publishing, Ottobrunn

Stampa: Guerra guru s.r.l. - Perugia
Printed in Italy
ISBN 88-7715-406-3

Indice

Prefazione

Il libro degli esercizi che accompagna **Linea diretta 2** vuole essere un mezzo a disposizione dello studente per approfondire ed esercitare quanto appreso in classe.

Mentre nel manuale sono contenuti per lo più esercizi interattivi, attività volte alle sviluppo delle abilità di ascolto di lettura e proposte di produzione libera orale e scritta, in questo libro trova più spazio una tipologia di esercizi scritti, pensati per il lavoro individuale dello studente.

Inoltre vengono qui proposti dei testi su vari aspetti della realtà socio-culturale italiana, collegati ai temi trattati nella prima parte del libro.

Le letture sono accompagnate da esercizi per la verifica della comprensione del testo.
Il libro offre inoltre numerosi esercizi di riutilizzo e di ampliamento del lessico.

Tutti gli esercizi si riferiscono ad attività proposte nel corso delle lezioni contenute nel manuale ed andranno quindi svolti dopo l'attività a cui rimanda il simbolo (⇨ **21**) .

Dopo aver svolto gli esercizi, lo studente potrà autocorreggersi confrontando quanto ha scritto con le soluzioni stampate in appendice.

Ricominciamo!

(➪ 1)

1. Completate l'intervista a Gennaro Esposito.

A che età …	Che …	Come …
Da quanto tempo …	Di dove …	Dove …
Qual …	Quanti …	Perché

a. △ ____________________ sei?

□ Di Bergamo.

b. △ ____________________ anni hai?

□ 29.

c. △ ____________________ hai cominciato a lavorare?

□ A 16 anni.

d. △ ____________________ lavoro fai?

□ Sono meccanico.

e. □ ____________________ sei venuto in Germania?

□ Per lavorare.

f. △ ____________________ abiti qui?

□ Da 3 anni.

g. △ ____________________ ti trovi in Germania?

□ Abbastanza bene.

h. △ ____________________ è il tuo sport preferito?

□ Il calcio.

i. △ ____________________ hai imparato il tedesco?

□ Qui, in Germania.

(⇨ 4)

2. Qual è il contrario delle parole in corsivo?

a. A sessant'anni mio padre aveva ancora *molti* capelli, suo fratello invece ne aveva __________ .

b. Io ho imparato a nuotare *da grande*, mia sorella invece _______________ nuotava già come un pesce.

c. Quel tipo con gli occhiali è Paolo, un mio *nuovo* amico, l'altro invece è Roberto, un __________ amico. Ci conosciamo dalle elementari.

d. Quando mio nonno era *giovane* aveva i capelli biondi, ora che è _____________ li ha tutti bianchi.

e. Francesco è ancora *scapolo*, i suoi fratelli invece sono tutti _____________ .

f. Ci sono amici che, anche se li vedi spesso, li senti *distanti* e altri invece che non vedi spesso e che ti sono molto __________ .

g. L'originale sembra *uguale* alla copia, però, se lo guardi bene, ti accorgi che è __________ .

(⇨ 5)

3. Completate il testo.

La mia compagna di banco si chiamava Tina ed era alt___ e bell___.

Portava i capell___ biond___ e lungh___, legati alla nuca con

un nastro celest___. Aveva gli occ___ azzurr___, grand___ e vivac___,

la pelle del viso chiarissim___, la front___ ampi___. Il nas___

era piccol___ e le labbr___ sottil___, e quando sorrideva,

si intravedevano dei piccol___ dent___ bianc___ un po' irregolar___.

Tutte a te capitano!

➪ 3

1. Fate delle frasi secondo il modello.

io guardare la TV – il postino suonare alla porta → Mentre guardavo la TV, il postino ha suonato alla porta.

a. Mario tornare a casa – incontrare Giulia
b. (noi) tornare a casa – (noi) comprare il giornale
c. i ragazzi giocare – arrivare il professore
d. (io) dormire – entrare i ladri
e. (io) fare la doccia – (io) sentire suonare il telefono
f. Luisa parlare al telefono – il gatto mangiarsi la carne
g. (io) andare al lavoro – (io) vedere un incidente

➪ 4

2. Rispondete alle domande usando i nomi dei mestieri elencati qui sotto.

Da chi bisogna andare per …

a. comprare del prosciutto?	dal barbiere / parrucchiere
b. comprare una bistecca?	dal calzolaio
c. farsi tagliare i capelli?	dal ferramenta
d. comprare un chilo di pane?	dal fornaio
e. farsi riparare le scarpe?	dal fruttivendolo
f. portarsi a casa una bottiglia di Chianti?	dal macellaio
g. farsi accorciare un paio di pantaloni?	dal salumiere
h. comprare qualche chiodo?	dal sarto
i. prendere un chilo di arance?	dal vinaio

➪ 5

3. Completate le frasi con i verbi al passato prossimo o all'imperfetto.

a. Il frigorifero (rompersi) __________ ed io (telefonare) ____________________ al tecnico per farlo riparare.

b. Il frigorifero non (funzionare) __________________ ed io (telefonare) ____________________ al tecnico per farlo riparare.

c. La bambina (stare) __________ male e sua madre (chiamare) ____________________ il medico per farla visitare.

d. La bambina (ammalarsi) ____________________ e sua madre (chiamare) ____________________ il medico per farla visitare.

e. Io (incontrare) __________________ Stefano e poi noi (andare) ____________________ a prendere qualcosa al bar.

f. Io (incontrare) __________________ Stefano mentre lui (fare) __________ la spesa.

g. Mentre Giorgio (tornare) _______________ a casa, (avere) _____________ un incidente con la macchina.

h. Giorgio non (fermarsi) __________________ allo STOP e (avere) ____________ un incidente.

i. Ieri sera noi (guardare) _______________________ la TV e poi (uscire) ____________________.

j. Luisa (venire) _______________ mentre noi (guardare) ____________________ la TV.

k. Quando io (studiare) _______________ all'università, (ricevere) _______________ una borsa di studio per l'America.

l. Nel 1980 Franco (vincere) _____________ una borsa di studio e (passare) _______________ un semestre a Washington.

↪ 6

4. *Stare per + infinito* o *stare + gerundio*? Completate le frasi.

a. Sbrigati a comprare il giornale: il treno (partire) ______________________ .

b. Non mi interrompere! Non vedi che (parlare) ____________________ al telefono?

c. (Comprargli) ____________________________ l'ultimo libro di Umberto Eco, ma poi mi sono ricordato che Massimo ce l'aveva già.

d. Ho sentito il telefono, ma non sono andato a rispondere perché (fare) ____________________ la doccia.

e. Finalmente mi hai chiamato. (Chiamarti) ____________________________ io.

f. (Io-fargli) ____________________ una domanda, quando uno s'è alzato e gli ha chiesto proprio quello che volevo chiedergli io.

g. (Io-toccare) __________________________ il cavo elettrico, quando Mario per fortuna mi ha gridato di fermarmi.

↪ 8

5. Chi è il ricercato?

Ecco la descrizione del bandito che ha rapinato la Cassa di Risparmio di Vetralla. In base al disegno completate l'identikit.

Era (1) ________ e (2) __________, aveva i capelli

(3) __________ e (4) __________, portava un cappello

(5) __________, una sciarpa (6) ____________,

un impermeabile grigio, un paio di pantaloni

(7) ________ e (8) __________________________________.

(1) alto / basso
(2) magro / grasso
(3) lunghi / corti
(4) la barba / i baffi
(5) chiaro / scuro
(6) a righe / a quadri
(7) neri / grigi
(8) delle scarpe da ginnastica / degli stivali da cow-boy

6. Passato prossimo o imperfetto?

Letizia e Teresa parlano al telefono.

□ Ieri pomeriggio (telefonarti) ____________________, ma non (trovarti) __________________. Che (fare) _____________ ?

△ (Andare) __________________ al matrimonio di Clara e Maurizio.

□ Ah, giusto. E dove (sposarsi) _________________________ ?

△ Alla Chiesa di S. Giorgio.

□ E quanti invitati (esserci) ________________ ?

△ Molti. Almeno un centinaio. Ed (essere) _____________ tutti elegantissimi.

□ E gli sposi come (essere) _____________ vestiti?

△ Lei (avere) _____________ un vestito bianco, lungo, con il velo, proprio tradizionale. Maurizio (avere) _____________ un vestito grigio scuro. (Loro – stare) _____________ veramente bene.

□ (Esserci) _______________ Roberto e Silvio?

△ Certo. E naturalmente (loro – fare) _______________ uno dei loro tipici scherzi. Pensa che mentre tutti (essere) _____________ in chiesa, loro (uscire) _______________ e (attaccare) ____________________ alla macchina degli sposi delle vecchie lattine di birra e di coca cola. Puoi immaginare il rumore e le risate quando gli sposi (partire) ________________.

□ E dopo la cerimonia?

△ Dopo la cerimonia (noi – andare) ____________________ in un locale fuori città per il ricevimento di nozze. Non ti dico quello che (esserci) __________ da bere e da mangiare: camerieri che (andare) _______________ e (venire) _______________ e che (offrire) _______________ agli invitati continuamente qualcosa. (Esserci) __________ pure una piccola orchestra da camera che (suonare) _______________ ... insomma, veramente una bella serata.

➪ 11

7. Collegate gli aggettivi della prima colonna con il sostantivo corrispondente della seconda.

CHIODO

grasso →	come un chiodo
magro	come una talpa
fresco	come una lumaca
bello	come un maiale
cieco	come il sole
lento	come un razzo
veloce	come una rosa

RAZZO

LUMACA

TALPA

➪ 13

8. Completate i dialoghi con *che, di, come* o *quanto*.

a. ○ Quanti anni ha tuo figlio?

△ 15. Ormai è grande. È diventato più alto _______ suo padre.

b. ○ Sei stanco, eh?

△ Veramente sono più annoiato _______ stanco.

c. ○ Mario è cambiato da quando si è sposato.

△ Sì, adesso è diventato più antipatico _______ sua moglie.

d. ○ Com'è la tua nuova segretaria?

△ È brava, ma non è efficiente _______ quella che avevo prima.

e. ○ È interessante il tuo lavoro?

△ Insomma, è più faticoso _______ interessante.

f. ○ È bello quest'albergo!

△ Sì, e soprattutto non è caro _______ quell'altro.

g. ○ È robusto il bambino di Maria!

△ Mah, secondo me è più grasso _______ robusto.

9. A Guido non è mancato. Leggetelo a cruciverba ultimato nelle caselle evidenziate.

1. Guido le aveva in tasca.
2. Bianco come la faccia di Guido.
3. Quella di Guido era lunga.
4. Guido voleva farla riparare.
5. Quello di Guido era blu.
6. Lo hanno preso al bar Guido e il gioielliere.
7. Quelli di Guido erano da sole.
8. Il gioielliere l'aveva ancora in mano quando Guido è entrato.

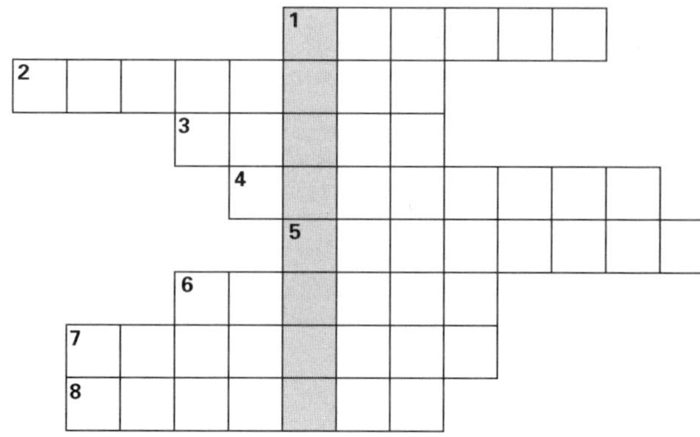

⇨ 14

10. Completate il dialogo con: *e allora, e così, è successo che, tra l'altro, niente*.

□ Che cosa stavi raccontando stamattina a Marinella?

△ Eh, quello che m'è capitato con le chiavi. Non lo sai?

□ No. Dai, racconta.

△ Eh ____________________, __________________ ______ la settimana scorsa sono andato al mare e poi la sera sono ritornato in città. Sono ritornato a casa, ma lì mi sono accorto di non avere più le chiavi. ____________________ ho telefonato al vicino che ha un altro mazzo di chiavi, ma il vicino non c'era. Non sapevo come fare, ____________________ era anche sabato e quindi era impossibile trovare un fabbro. ______________________ ho telefonato a Marcello, che per fortuna era a casa, e ho dormito da lui.

11. Passato prossimo o imperfetto? Completate la storia.

Guido racconta ad una sua amica quello che gli (capitare) ______________ qualche giorno fa. La catenina che ha sempre al collo (rompersi) ______________ e lui (andare) ____________ da un gioielliere per farla riparare. Guido (suonare) _______________ il campanello e il gioielliere (aprire) ____________ la prima porta che subito (chiudersi) ______________ dietro di lui. A questo punto (cominciare) ________________ a suonare un allarme perché Guido (avere) _________ in tasca un grosso mazzo di chiavi. Tra l'altro Guido quel giorno non (essere) _________ vestito bene: (portare) ____________ un vecchio giaccone da marinaio e (avere) _________ anche la barba un po' lunga, i capelli sporchi e gli occhiali da sole. Guido (capire) ______________ che l'allarme (stare) _________ suonando a causa del suo mazzo di chiavi. Allora (mettere) ____________ la mano in tasca per farlo vedere al gioielliere, ma il gioielliere (spaventarsi) __________________ ; (aprire) ____________ un cassetto, (tirare) ______________ fuori una pistola e (puntarla) __________________ contro Guido. Lui però (dirgli) ______________ che, a far suonare l'allarme, (essere) _________ il suo mazzo di chiavi, e infatti, quando (darlo) _______________ al gioielliere, l'allarme (smettere) ______________ di suonare. Il gioielliere (capire) ______________ che Guido non (essere) _________ un rapinatore, (aprire) ____________ la porta e (farlo) ______________ entrare. Quando Guido (entrare) ____________ nel negozio, il gioielliere (avere) _________ ancora la pistola in mano. Guido (essere) _________ bianco come un lenzuolo e il gioielliere (essere) _________ più bianco di lui. Alla fine tutti e due (andare) ________________ in un bar e (prendere) ________________ un cognac.

12. Sapete ricomporre il seguente articolo di giornale?

Rapina un vecchietto ma poi si pente e gli paga il taxi.

(1) (Senigallia) Rapina il vecchietto di tutti i soldi che aveva in tasca ma poi, impietosito, gli paga il taxi e dà la mancia anche all'autista.

( ) L'anziano ha cercato di dissuaderlo spiegandogli quasi in lacrime che viveva solo e che le sue condizioni economiche non erano delle migliori.

( ) Ad un certo punto – era notte fonda – gli si è avvicinato Fabio Massimo Delle Donne, già conosciuto da polizia e carabinieri per precedenti analoghi. Delle Donne ha estratto una pistola e ha ordinato a G.G. di consegnargli il portafogli.

( ) Ma Delle Donne non ha voluto sentire ragioni e ha cominciato a minacciarlo. Gli ha sottratto mezzo milione che G.G. aveva con sé; ma ad un certo punto si è impietosito, ha fermato un taxi e ha detto al tassista di accompagnare l'uomo a casa.

( ) È successo di fronte alla stazione di Senigallia, in via Bonopera, dove G.G., 83 anni, si trovava dopo essere sceso dal treno.

( ) Il tassista però via radio ha subito chiamato la polizia che, dopo una breve ricerca, ha trovato il Delle Donne ancora con il portafogli di G.G. in tasca.

(da *Il Giornale*, 22/7/94)

➪ 18

13. Passato prossimo o imperfetto?

a. La settimana scorsa noi (volere) ____________________ andare da Milano a Roma in aereo, ma a Milano (esserci) __________ nebbia e così invece dell'aereo (dovere) _______________________ prendere il treno.

b. Ieri io (andare) ______________ in centro perché (volere) __________ comprare una giacca. In un negozio (vederne) ______________ una molto bella e (decidere) _______________ di comprarla, ma quando il commesso (dirmi) _______________ quanto (costare) _____________, (preferire) _______________ cercarne una più economica.

c. Giovanni (pensare) ______________ di laurearsi l'anno scorso, ma poi (vincere) ______________ una borsa di studio per l'Austria. Così (studiare) ________________ per un anno a Vienna e (potersi) ________________ laureare solo due settimane fa.

d. Ieri (io – passare) ________________ da Daniela perché (volere) __________ portarla a prendere un gelato. Lei in un primo momento (accettare) ________________ l'invito, ma quando (sapere) ________________ che al bar (esserci) __________ anche Marisa non (volere) ________________ più venire e così al bar (io – andarci) ______________________ da solo.

14. Inserite *finché* o *finché non* nelle seguenti frasi.

a. _______________ sono piccoli i bambini sono carini, ma poi diventano così noiosi!

b. _______________ do quest'ultimo esame non posso andare in vacanza.

c. _______________ arriva mia moglie possiamo continuare a giocare a poker.

d. Ha detto il dottore che _______________ ho la febbre devo restare a letto.

e. Ho aspettato Francesca per un'ora, _______________ è arrivata. E non mi ha chiesto neanche scusa.

f. So che la mia macchina è vecchia ma _______________ funziona non la cambio.

g. Restiamo in Francia _______________ abbiamo i soldi; quando finiscono torniamo in Italia.

h. Mi dispiace, ma non posso restituirti i soldi _______________ prendo lo stipendio.

i. _______________ fa bel tempo, possiamo restare fuori.

15. Trasformate le frasi secondo il modello.

Ero in ritardo *così* ho preso un taxi.
→ Ho preso un taxi *perché* ero in ritardo.
→ *Siccome* ero in ritardo ho preso un taxi.

a. La mia macchina non funzionava e così l'ho portata dal meccanico.
b. Stavo male e così sono rimasta a casa.
c. Sono arrivato tardi e così ho perso il treno.
d. Ho mangiato troppo e così ora sto male.
e. Ho dimenticato le chiavi a casa e così adesso non so come entrare in ufficio.
f. Avevo caldo e così ho aperto la finestra.
g. Avevo sonno e così sono andato a letto.
h. Il vino era cattivo e così l'ho buttato.
i. Avevo un fortissimo mal di testa e così non sono venuto alla festa.
j. Siamo rimasti senza benzina in mezzo all'autostrada e così abbiamo dovuto chiamare il soccorso stradale.
k. Oggi la colf non è venuta e così ho dovuto fare le pulizie da sola.
l. C'era sciopero e così i giornali non sono usciti.

16. Ritornate alla lettera di Marcella, a p. 21 del libro di testo e osservate tutti gli usi di *quando, mentre, così, perché, siccome, finché, finché non*. Inserite adesso le congiunzioni nelle frasi qui sotto.

a. Ho perso il treno e ____________ ho dovuto aspettare il successivo.

b. ____________ mi hai telefonato stavo facendo la doccia.

c. ____________ sono uscita senza soldi, sono dovuta passare in banca.

d. Sono stanchissimo ______________ ho lavorato tutto il fine settimana.

e. ______________ mi chiede scusa non gli parlo.

f. Stasera ____________ ritornavo a casa pensavo a tutto quello che devo fare domani.

g. ____________ piove è meglio restare a casa.

17. Imperfetto o passato prossimo? Scegliete la forma verbale giusta.

La settimana scorsa (andavo / sono andato) ______________ a Milano in treno. Purtroppo (c'era / c'è stato) __________ molto traffico e così (arrivavo / sono arrivato) _______________ tardi alla stazione. Il treno (stava / è stato) ________ quasi per partire, ma per fortuna (riuscivo / sono riuscito) _______________ a salire in tempo. Il treno (era / è stato) ________ pieno e (dovevo / ho dovuto) __________ attraversare diversi vagoni prima di trovare un posto libero. Alla fine però ne (trovavo / ho trovato) ______________ uno in uno scompartimento dove (c'era / c'è stata) __________ già una signora con un bambino di circa due anni. Quando (entravo / sono entrato) ________________, il bambino (stava / è stato) ________ ancora dormendo, ma dopo una mezz'oretta (si svegliava / si è svegliato) _______________ e (cominciava / ha cominciato) __________________ a piangere. Forse (aveva / ha avuto) __________ fame o (voleva / ha voluto) ______________ semplicemente giocare, non so. La mamma allora, per calmarlo, gli (dava / ha dato) __________ della cioccolata. Premetto che quel giorno io (ero / sono stato) ____________ vestito abbastanza elegantemente perché (dovevo / ho dovuto) ____________ incontrare una persona importante e quel bambino con la cioccolata in mano mi (preoccupava / ha preoccupato) ___________________ un po'. Allora (uscivo / sono uscito) _______________ nel corridoio ...

LEZIONE 2

Volevo chiederLe una cortesia

(➪ 2) **1. Completate il testo con i verbi alla forma impersonale.**

Se bevete volentieri il vino e volete conoscere il luogo di produzione di due rossi eccezionali, dovete andare a Montepulciano e a Montalcino. Queste due città sono famose per la produzione del Nobile di Montepulciano e del Brunello di Montalcino, due dei pochi vini italiani noti per avere il marchio DOCG (cioè a denominazione d'origine controllata e garantita).

Per arrivare nella zona di produzione di questi vini (prendere) _______________ l'Autostrada del Sole e (uscire) __________ al casello di Chiusi-Chianciano Terme. Da qui (immettersi) _______________ nella statale n° 146 e (dirigersi) _______________ verso ovest, (passare) __________ per Chianciano e, dopo circa 10 chilometri, (arrivare) ____________ a Montepulciano. Ma qui non c'è solo il vino. A chi ama l'arte Montepulciano offre edifici storici come il Museo Civico o il Palazzo Avignonesi, per non parlare poi della bellissima Piazza Grande con il Duomo e il Palazzo Comunale. Qui (salire) __________ sulla torre da dove (ammirare) _______________ lo splendido panorama. Se (arrivare) ____________ all'ora di pranzo, (fermarsi) _______________ a mangiare in una delle trattorie tipiche della città. Da Montepulciano (riprendere) _______________ la 146 e dopo poco più di 10 chilometri (arrivare) ____________ a Pienza, la città di Pio II. Qui una sosta è d'obbligo: (visitare) __________ il Palazzo Piccolomini dove c'è la stanza del papa e poi (fare) __________ anche un giro tra le botteghe del posto che offrono prodotti tipici della regione. Da Pienza (riprendere) _______________ ancora la strada statale 146 e (dirigersi) _______________ verso S. Quirico d'Orcia.

Qui all'incrocio con la statale n° 2 (girare) __________ a destra, (continuare) _______________ per circa 6 chilometri, poi (girare) __________ a sinistra e dopo ancora circa 10 chilometri (essere) __________ a Montalcino, la città del Brunello. Le aziende che producono questo vino sono numerose e numerosi sono i negozi che lo offrono ai turisti di passaggio. In città il Brunello (gustare) __________ nell'enoteca della fortezza dove (riposarsi) _______________ un po' prima di riprendere il viaggio.

2. Trasformate le frasi secondo il modello.

> Gli studenti non possono iscriversi prima della fine del mese.
> → Non *ci si può iscrivere* prima della fine del mese.

a. In campeggio la gente va a dormire tardi e si alza presto.

____

b. In campagna mi riposo proprio bene e non mi annoio mai.

____

c. Non devi vantarti delle cattive azioni, ma di quelle buone.

____

d. In treno le persone non devono sporgersi dal finestrino.

____

e. Per avere informazioni gli studenti possono rivolgersi in segreteria.

____

f. Non dovresti comportarti così davanti a un bambino!

____

g. Dopo una malattia così lunga devi riguardarti un po'.

____

3. Vincenzo è partito per il servizio militare. Ecco come descrive una giornata tipica. Completate il testo con i verbi alla forma impersonale.

La mattina (svegliarsi) ________________ prestissimo, (lavarsi) ______________ e (vestirsi) ______________ in fretta per non arrivare ultimi alla colazione. Dopo l'adunata (fare) ___________ le marce o le esercitazioni. A mezzogiorno (mangiare) ______________ e fino alle due (riposarsi) ____________________ un po'. Dopo l'adunata del pomeriggio (andare) _________ ai corsi dove (annoiarsi) ______________ mortalmente. Alle cinque per fortuna i corsi finiscono e (potere) _________ uscire; molti però restano in caserma dove (potere) _________ guardare la televisione o giocare a carte. E devo dire che qualche volta (divertirsi) ______________ anche. La sera (andare) _________ a letto presto, ma con il rumore che c'è, non (addormentarsi) ________________________ prima delle undici.

➪ 4

4. Di quale regione si tratta?

a. È a est del Veneto e confina con due paesi stranieri.
b. Confina con la Francia e con la Toscana.
c. La sua costa è bagnata dall'Adriatico e dallo Ionio.
d. Non si trova nel Nord e non è bagnata dal mare.
e. È ricca di laghi e si trova a nord dell'Emilia Romagna.
f. È in mezzo al mare, a sud della Corsica.
g. Si trova fra l'Abruzzo e la Puglia.
h. Confina con l'Austria e anche con la Svizzera.
i. Il Lago Maggiore la separa per un tratto dalla Lombardia.
j. Capri, Ischia e Procida ne fanno parte.
k. È la regione più a sud dell'Italia, a 140 km dall'Africa.
l. È attraversata dal fiume Arno.

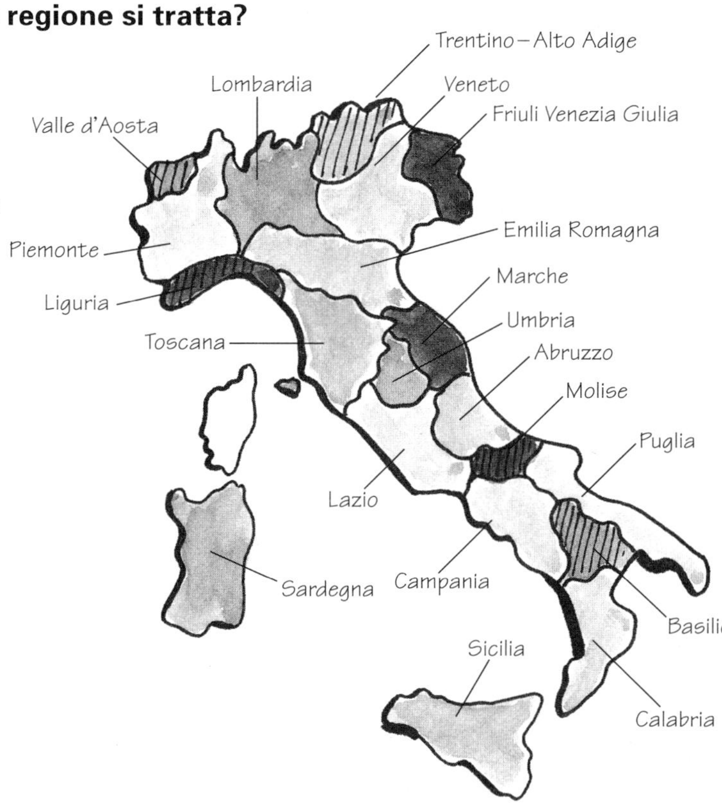

☞ 7

5. Unite le frasi con *però*.

a. Mario guadagna bene
b. La casa di Giulio è tranquilla
c. Quest'appartamento è proprio bello
d. Il bambino di Luciana è carino
e. Il tedesco è una bella lingua
f. Venezia è una città interessantissima
g. Qui in montagna c'è un'aria magnifica
h. Io ho un brutto carattere

è proprio isolata in mezzo alla campagna.(1)
ci vogliono un sacco di soldi per comprarlo.(2)
lavora anche tantissimo.(3)
riconosco sempre i miei errori.(4)
è sempre piena di turisti.(5)
ha una grammatica complicatissima.(6)
d'inverno fa anche molto freddo.(7)
quando comincia a piangere non lo sopporto.(8)

☞ 8

6. Trasformate le frasi cambiando il *gerundio* in *se* + *indicativo* e viceversa.

a. Prendendo la pensione completa, pagherete solo 20.000 lire in più rispetto alla mezza pensione.

____

b. Se vai in vacanza in un club, incontrerai tanta gente.

____

c. Partendo presto, non troverete molto traffico.

____

d. Se si passa attraverso il parco, si arriva prima.

____

e. Continuando per questa strada, dopo due chilometri trovate un distributore.

____

f. Se fa la spesa al supermercato, sicuramente spende di meno.

____

g. Se si preme questo bottone, si mette in funzione l'allarme.

____

➪ 9

7. Completate con il sostantivo o con l'aggettivo corrispondenti.

____________	tranquillo
solitudine	____________
____________	montuoso / montano
silenzio	____________
____________	sciistico
comfort	____________
____________	naturale
nazione	____________
____________	faunistico
protezione	____________
____________	geografico

8. Completate le frasi.

a. La zona interna dell'Abruzzo è mont_______ e offre una trentina di stazioni scii_______.

b. Molte località dell'Aquilano sono ricche di alberghi confort_______.

c. Il Parco Nazion_____ d'Abruzzo è una riserva dove la natura è prot_____.

d. Oltre un milione di visitatori all'anno visitano il parco ed i centri faun_______.

e. Nel Parco il turista può trovare una natura solit_______ e pulita.

f. Molte sono le località mont_____ che meriterebbero di essere visitate.

g. Per andare alla scoperta dell'Abruzzo basta prendere in mano una carta geogr_______ e partire.

9. **Inserite nel testo i seguenti aggettivi declinandoli nel genere e numero necessari.**

antico | immenso | raro | moderno | confortevole | intatto | profondo

Chi cerca tranquillità e natura ____________ in Abruzzo le troverà. Foreste ________________, animali ______________, compresa la recuperata lince, valli ________________, altipiani, ampi spazi di solitudine e silenzi. Tutto ben dotato di strutture ricettive. La zona interna montuosa offre una trentina di stazioni sciistiche aperte da dicembre. Centinaia di impianti di risalita, sciovie, funivie, tra cui quella di Campo Imperatore, una delle più ____________ d'Europa, capace di trasportare settecento passeggeri l'ora. Le più numerose sono dislocate nell'Aquilano. Ricche di ______________ alberghi di ogni categoria, pensioni, ristoranti, piscine. Cittadine di ____________ e preziosa architettura offrono al turista natura, storia e divertimenti.

➪ 12

10. ***Di* o *da*? Inserite le preposizioni nelle frasi sottostanti.**

a. Avete qualcosa _____ tipico _____ farci provare?

b. C'è ancora qualcosa _____ bere in frigorifero?

c. Cosa hanno detto _____ nuovo alla radio?

d. C'è qualcosa _____ interessante alla televisione?

e. Oggi _____ mangiare vorrei qualcosa _____ leggero.

f. Se vuoi vedere qualcosa _____ più divertente, al cinema Star danno un film con Benigni.

g. Se vuole qualcosa _____ meno elegante, avrei ancora un paio di mocassini _____ farLe provare.

11. Leggete il seguente testo.

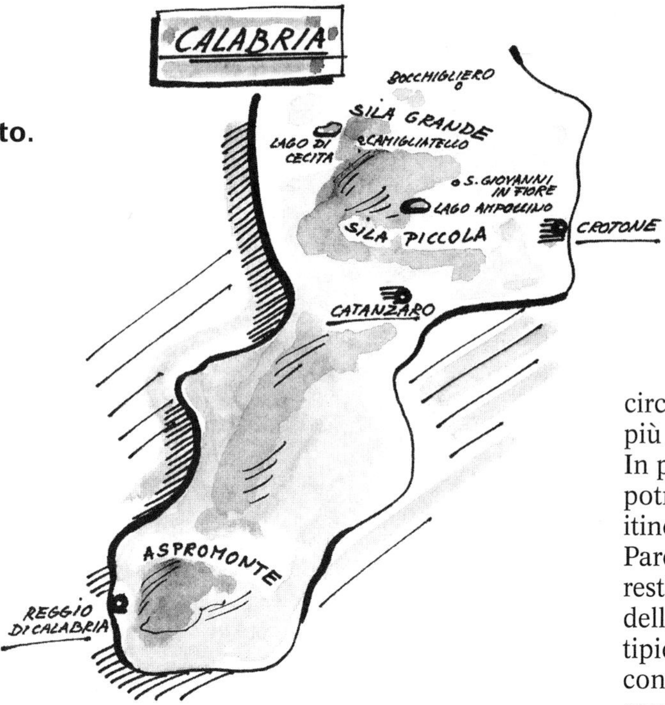

In Aspromonte

VIA DAL MARE IL RIFUGIO È NEL PARCO

È senz'altro una delle meraviglie d'Italia, ma in pochi lo conoscono. Le cime coperte di faggi, i laghi limpidissimi, le valli che raccontano una storia antica. È il Parco nazionale della Calabria, che tutela la Sila grande, la Sila piccola e l'Aspromonte. Il modo migliore di vivere questa regione è senz'altro il trekking. (...) Per giungere alla Sila si può partire dalla zona di Crotone nel cuore della Magna Grecia. Le spiagge sono, in tutta la zona, bellissime: da Capo Rizzuto fino a Capo Colonna, da visitare assolutamente; da Crotone si deve prendere la statale 107 per la Sila, che consente di passare da alcune delle più caratteristiche località calabresi, come Santa Severina, che conserva intatto il suo passato bizantino e normanno, San Giovanni in Fiore, famoso per i suoi tappeti orientaleggianti tessuti a telaio e i preziosi ricami. Al bivio di Camigliatello, ci si dirige al lago Cecita e successivamente si prende per Bocchigliero, seguendo le indicazioni turistiche per Fossiata. L' itinerario consigliato dal WWF agli amanti del trekking muniti di cartina, parte da una stradella a sinistra, risale a zig zag la foresta (...) fino alla località Sbanditi, a circa 1530 metri, il punto più alto del percorso. (...) In poco più di 5 ore, si potrà percorrere un itinerario da favola nel Parco. Dopo di che, non resta che fermarsi in una delle trattorie che offrono tipici prodotti silani e concludere la giornata con una scorpacciata di funghi, frittelle di fiori di zucca, salsicce di cinghiale. Annaffiati, magari, dal rosso Cirò. Così si potrà trascorrere una giornata, nel fresco dei boschi.

(*Anna Mallamo*
da *Weekend Viaggi*,
supplemento al
n. 163 / 1990, ridotto)

12. Cercate nel testo le parole che corrispondono alle definizioni qui sotto e inseritele nel cruciverba. Le caselle evidenziate daranno il nome e il cognome di un famoso scrittore calabrese nato a S. Luca e autore del libro «Gente in Aspromonte».

1. Punto più alto di una montagna.
2. Molto conosciuto.
3. Pasta di farina fritta in padella.
4. Grande mangiata.
5. Con la sua carne si fanno salsicce.
6. Piccola strada.
7. Lavoro decorativo su stoffa.

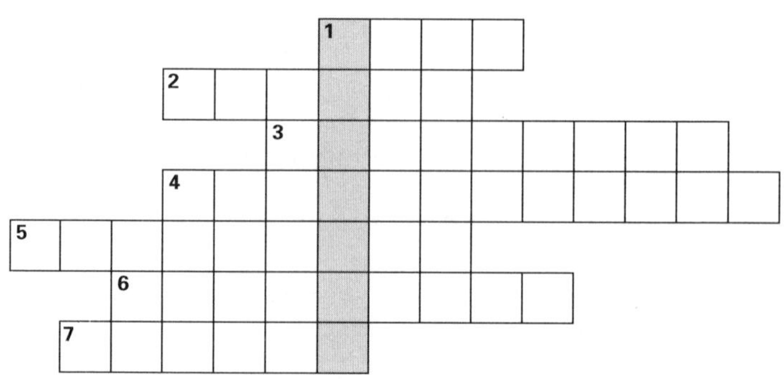

1. Tipici alberi delle montagne calabresi.
2. Macchina con cui si fanno i tappeti.
3. Punto d'incontro di due strade.
4. Si trova fra due montagne.
5. Escursione a piedi in montagna.
6. Il colore del Cirò.

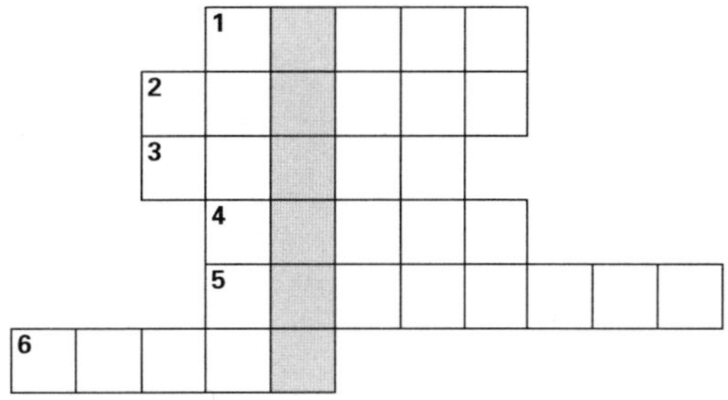

15

13. Completate il testo con le parole sottostanti.

albergo | cena | granito | odore | pensione | turisti | camera | fritto | idea | pesce | panorama | gelato | mare | soldi | zanzare

Che brutta _______________ abbiamo avuto a venire qui in agosto! Il posto è pieno di _______________ , la spiaggia pure, per arrivare al _______________ devi fare chilometri fra sedie a sdraio, ombrelloni e bambini. Ho scelto un _______________ sul mare, pensavo di avere un bel _______________ dalla mia finestra, e invece mi hanno dato una _______________ sul retro. Ho fatto pure l'errore di prendere la _______________ completa. Siamo al mare, pensavo di mangiare il _______________ e invece no, carne ogni giorno, dura come il _______________. Ho protestato e oggi finalmente stanno preparando il _______________misto , ma l'_______________ che viene su dalla cucina ora sta invadendo la mia camera. La sera, dopo _______________, ho provato ad andare a prendere un _______________ , ma è quasi impossibile conquistare un posto in un bar. La notte poi non riesco a dormire per le _______________ che sibilano come aerei. Che fare? Andare via e perdere i _______________ che ho pagato o restare ancora?

LEZIONE 3

Vuole lasciare un messaggio?

(➪ 3)

1. Completate il dialogo con le parole sottostanti.

attenda	Le passo	per piacere	più tardi
in riunione	preferirei	un messaggio	

△ A.R.P.A. Spedizioni, buongiorno.

□ Buongiorno. ________________, vorrei parlare con la dottoressa Rizzoli.

△ La dottoressa Rizzoli in questo momento è ________________. Vuole richiamare ________________?

□ Eh, no, guardi, allora ________________ lasciare ________________.

△ Allora ________________ la sua segretaria, la signorina Scarlatti.

□ Ah, va bene.

△ ________________ un momento.

(➪ 5)

2. Completate le seguenti frasi.

nella quale – per la quale – dei quali – nel quale alla quale – con il quale – per i quali – sul quale

a. Sono posti ______________ ho sentito parlare molto.

b. È una città ______________ sono molto affezionato.

c. È una persona ______________ farei di tutto.

d. È un quartiere ______________ abiterei volentieri.

e. È un amico ______________ passo spesso il fine settimana.

f. È un giornale ______________ si leggono articoli molto interessanti.

g. Sono amici ______________ ho fatto molto.

h. È la zona della città ______________ sono cresciuto.

(➪ 8)

3. Completate la coniugazione dei seguenti verbi.

parlare	prendere	partire	mangiare	pagare	andare
parlerò	________	________	mangerò	________	________
________	prenderai	________	________	pagherai	________
________	________	partirà	________	________	andrà
________	prenderemo	________	mangeremo	________	________
________	________	partirete	________	pagherete	________
parleranno	________	________	________	________	andranno

4. Completate lo schema.

avere	io avrò	lui ________	noi ________
essere	tu ________	noi saremo	voi ________
vedere	lei vedrà	noi ________	loro ________
venire	tu ________	Lei ________	voi verrete
rimanere	noi ________	io rimarrò	lui ________
tenere	io ________	voi terrete	tu ________
volere	loro vorranno	lei ________	voi ________

5. Completate il messaggio con i seguenti verbi coniugandoli al futuro.

Nei prossimi giorni non ________ in ufficio perché domani vado a Milano e ci ________ fino a venerdì o sabato. In ogni caso non ________ in ufficio prima della prossima settimana. Non prenda appuntamenti per lunedì perché molto probabilmente ________ andare dal commercialista. Se telefona il dott. Fazio, gli dica che lo ________ appena mi ________ possibile e che gli ________ avere al più presto le informazioni che desiderava. Sulla mia scrivania c'è una busta per la signora Bianchini che ________ a prenderla stasera.

dovere
essere
passare
fare
richiamare
essere
restare
tornare

➪ 11

6. Completate la lettera con i verbi al futuro.

Gentile signorina,

ecco il programma del Suo viaggio di lavoro a Roma. Mi dispiace di non averLe potuto parlare personalmente. Ad ogni modo, se mi (essere) _________ possibile, (cercare) __________ di chiamarLa domani sera in albergo.
Martedì 15 il nostro rappresentante per il Lazio, dottor Caporali, (venire) __________ a prenderLa in albergo e La (portare) __________ al nostro stand nella fiera. Lì (incontrare) _______________ il dottor Alessi della ditta Pardi & figli con il quale, come già Le ho detto, dall'anno prossimo contiamo di avere un rapporto di collaborazione. Al dottor Alessi (presentare) _______________ le nostre proposte e i nostri programmi di espansione. A pranzo oltre al dottor Alessi (essere) _______ presente anche il più giovane dei fratelli Pardi con il quale Le raccomando di essere molto convincente.
Mercoledì 16 (recarsi) ____________ a visitare la nostra fabbrica di Viterbo. Il dottor Caporali, che La (guidare) ____________ in questa visita, La (accompagnare) ____________________ poi all'aeroporto. Noi (incontrarci)____________________ la sera stessa. Mi attendo da Lei un resoconto preciso, le Sue impressioni ed eventuali proposte.

7. Leggete il seguente oroscopo e sottolineate i futuri presenti nel testo.

Il nuovo anno porterà molte soddisfazioni, ma anche qualche momento di stress al vostro segno. Soprattutto nei primi tre mesi sarete molto impegnati nel lavoro e, ad alcuni di voi, si apriranno nuove e interessanti prospettive professionali. Anche sul piano finanziario le cose si metteranno nel migliore dei modi, ma solo a partire dal mese di giugno, quando finalmente finirà l'opposizione di Saturno.
In amore, se ancora non avete un partner, avrete quest'anno una buona occasione per legarvi in modo stabile a una persona; dovrete però controllare la vostra gelosia che, a causa del transito di Marte, vi renderà particolarmente nervosi in agosto. I rapporti con i vostri amici (nell'anno appena passato c'è stata qualche difficoltà) miglioreranno sensibilmente e anzi, molto probabilmente, alla fine dell'anno riallaccerete una vecchia amicizia. Qualche problemino l'anno in arrivo ve lo riserva soltanto con la salute, ma se saprete moderarvi nel mangiare, potrete controllare quei problemi di digestione che la luna capricciosa di primavera vi regalerà. Farete bene comunque a vedere un medico e – perché no? – anche un dentista.

A quale segno appartengono le previsioni che avete appena letto? Per saperlo leggete i seguenti oroscopi.

ARIETE

21 Marzo–20 Aprile

Che pace fino a marzo, ma poi ... Riposatevi finché siete in tempo.

TORO

21 Aprile–21 Maggio

Qualche problema sul lavoro e in famiglia. Per fortuna che per tutto l'anno avrete una salute di ferro.

GEMELLI

22 Maggio–21 Giugno

Dopo un inverno e una primavera agitati, un'estate tranquillissima, forse addirittura noiosa.

CANCRO

22 Giugno– 22 Luglio

Non è questo l'anno adatto per tentare speculazioni economiche. E non cercate la fortuna al gioco!

LEONE

23 Luglio–22 Agosto

Oddio come siete aggressivi! Se continuate così perderete tutti gli amici.

VERGINE

23 Agosto–22 Settembre

Un anno al 100 per 100. Anzi al 90 perché l'amore ... E no, l'amore proprio non va.

BILANCIA 

23 Settembre–22 Ottobre

Non c'è male, solo il lavoro vi dà qualche delusione.

SCORPIONE 

23 Ottobre–22 Novembre

Che brutto carattere che avete! E poi vi lamentate che le vostre relazioni non durano! Ma un po' di solitudine quest'anno non vi farà male.

SAGITTARIO 

23 Novembre–21 Dicembre

Questo può essere un grande anno, ma non esagerate con il lavoro (e neanche con i dolci, vi fanno male, specialmente ai denti).

CAPRICORNO 

22 Dicembre–20 Gennaio

Tanto lavoro, ma poi un'estate favolosa.

ACQUARIO 

21 Gennaio–18 Febbraio

Quest'anno sarete un po' come quegli animali che dormono tutto l'inverno e si svegliano a primavera. (Ma voi dormirete anche in estate. Buonanotte!)

PESCI 

19 Febbraio–20 Marzo

Che anno il vostro! Giornate di lavoro piene, la casa piena di amici, il cuore pieno d'amore e il conto in banca ... vuoto!

8. Completate con i verbi al futuro.

a. Se questa volta non (tu – essere) _______ puntuale, (io – entrare) __________ al cinema senza di te.

b. Se Lei non (riparare) ____________ il frigorifero entro domani, (io – telefonare) _______________ ad un altro tecnico.

c. Se l'avvocato (riuscire) ____________ a trovare un momento libero, (chiamarLa) ____________ senz'altro.

d. Se il prossimo quadrimestre a scuola non (tu - prendere) ____________ dei voti più alti, io quest'estate non (mandarti) _______________ in campeggio.

e. Se questa volta non (voi - finire) ____________ il lavoro in tempo, vi garantisco che io non (accettarlo) _______________ .

f. Ha detto il professore che se (noi-fare) ___________ tardi anche questa volta, (lui) non (lasciarci) ___________ entrare.

⇨ 14

9. Inserite nelle caselle le parole che corrispondono alle definizioni.

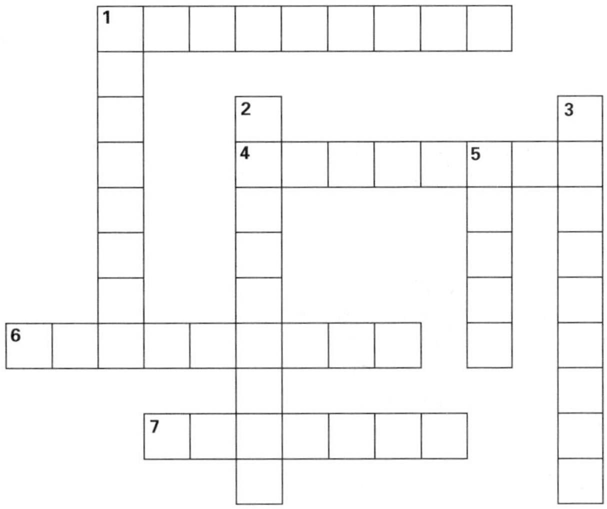

Orizzontali

1. Fiodor deve stenderne uno regolarmente.
4. Fiodor alza quella del primo telefono.
6. Quello di Fiodor è molto alto.
7. Fiodor guarda quelli di Lowell.

Verticali

1. Fiodor deve esaminarli.
2. Fiodor prova quello della sedia.
3. Lowell li apre sulla scrivania.
5. Fiodor ne batte qualcuno.

10. Cancellate dal testo di De Carlo il verbo sbagliato.

Di mattina Lowell mi (guida / prende) lungo i corridoi della MultiCo. Ogni tanto (si ferma / arriva) su una porta, bussa e (tira / apre), mi indica con la mano, dice «Il dottor Barna». (Pronuncia / Parla) italiano con un brutto accento, ma (può / riesce) a farsi capire benissimo. I tipi che lui mi presenta si alzano, mi (stringono / prendono) la mano, restano a (vedermi / guardarmi) senza (poter / saper) cosa dire finché non (scendiamo / torniamo) fuori nel corridoio. Nemmeno io so cosa (dire / parlare); più che altro mi lascio (prendere / condurre) in giro, stringo mani e (rido / sorrido) come meglio mi (piace / riesce).

(➪ 17) **11. Leggete il seguente testo e indicate se le successive affermazioni sono vere o false.**

Senza minigonna licenziata in tronco

PADOVA – Finché era sorridente con i clienti e portava la minigonna il posto di cameriera le era assicurato, ma quando, per un infortunio al ginocchio, si è presentata indossando i jeans, è stata licenziata. Così Silvia Loppo, 20 anni, di Oriago di Mira vicino Venezia, si è rivolta al pretore del lavoro di Mestre che ha fissato l'incontro fra le parti per il 29 marzo prossimo. Ecco la storia. Alla pizzeria «Alla lanterna» di Strà il servizio ai tavoli era affidato a due cameriere. «Io – ha detto Silvia Loppo – portavo sempre una minigonna perché ho delle belle gambe; la mia collega invece, meno slanciata, indossava i pantaloni». La titolare del locale le aveva infatti suggerito di vestirsi sempre nella stessa maniera visto che i diversi clienti avevano apprezzato l'avvenenza della ragazza. Tutto è andato liscio fino a quando Silvia non è caduta, procurandosi un ematoma che le aveva gonfiato il ginocchio. «Mi sono presentata in pizzeria indossando i pantaloni per nascondere la fasciatura al ginocchio – ha spiegato la giovane – ma la titolare non ha voluto sentire ragioni e, di fronte al rifiuto di andare a casa per mettermi la minigonna, a fine serata mi ha pagato, chiudendo così il rapporto di lavoro».
Sulla vicenda di Silvia è subito intervenuta la vicepresidente del comitato parità del Ministero del Lavoro, Carla Passalacqua. «Il licenziamento della giovane che non ha voluto indossare la minigonna, se ha solo queste motivazioni non sta in piedi: il diritto al lavoro non ha nulla a che fare con l'esibizione di attributi personali. Episodi di questo tipo – ha proseguito Passalacqua – non sono degni di un paese civile».
Per quanto riguarda invece l'esercizio in cui è avvenuto l'episodio, la responsabile del comitato parità ha ricordato che «in pizzeria si va a mangiare la pizza, non a guardare le minigonne; è con la qualità della pizza che si conquistano i clienti». «E poi – ha aggiunto – di fronte a quanto è successo viene da chiedersi: forse una ragazza brutta non ha diritto a lavorare?» (...)

(da *la Repubblica*, 2/3/94)

Vero o falso?

		v	f
a.	Silvia Loppo ha dovuto rinunciare alla minigonna per una ferita al ginocchio.	❑	❑
b.	Anche l'altra cameriera indossava spesso la minigonna.	❑	❑
c.	Silvia Loppo è stata licenziata lo stesso giorno in cui si è presentata senza minigonna.	❑	❑
d.	Il Ministro del Lavoro ha duramente condannato il licenziamento di Silvia Loppo.	❑	❑

LEZIONE 4

Sarà che sono un po' pignolo

➪ 3

1. Completate le risposte secondo il modello.

○ Puoi darmi questo libro?
□ Ma ... *io te lo darei volentieri*, ma prima volevo leggerlo io.

a. ○ Puoi farmi un favore?

□ Ma ... ________________________, ma adesso sono un po' occupato.

b. ○ Puoi scrivermi la lettera in inglese?

□ Ma ... ________________________, ma non riesco più a trovare il dizionario.

c. ○ Puoi comprarmi i giornali?

□ Ma ... ________________________, ma guarda che il giornalaio sta per chiudere.

d. ○ Puoi ripararmi la bicicletta?

□ Ma ... ________________________, solo che non vorrei sporcarmi i pantaloni nuovi.

e. ○ Puoi stirarmi le camicie?

□ Ma ... ________________________, solo che adesso volevo riposarmi un po'.

f. ○ Puoi accorciarmi i pantaloni?

□ Ma ... ________________________, solo che non ho il filo dello stesso colore.

g. ○ Puoi prestarmi la macchina?

□ Ma ... ________________________, ma stasera serve a me.

h. ○ Mi dici quello che è successo a Mario?

□ Ma ... ________________________, ma Mario mi ha pregato di non dirlo a nessuno.

2. Rispondete alle domande secondo il modello.

> ○ Quando mi riporteresti il libro?
> □ *Mah, posso riportartelo / te lo posso riportare* stasera.

a. ○ Quando mi ridaresti i soldi?
□ ______________________ alla fine del mese.

b. ○ Quando mi ripareresti la radio?
□ ______________________ durante il fine settimana.

c. ○ Quando mi faresti le fotografie?
□ ______________________ domani mattina.

d. ○ Quando mi stringeresti la gonna?
□ ______________________ questo pomeriggio.

e. ○ Quando mi porteresti il resoconto della conferenza?
□ ______________________ questa sera.

f. ○ Quando mi batteresti la lettera?
□ ______________________ appena ho finito quest'altro lavoro.

g. ○ Quando mi presenteresti quella tua amica?
□ ______________________ domani sera alla festa.

➪ 4

3. Completate lo schema.

	lo	la	li	le	ne
mi	me lo				
ti		te la			
gli					gliene
le			glieli		
Le				gliele	
ci			ce li		
vi	ve lo				
gli			glieli		

4. Completate le frasi con i sottostanti pronomi combinati.

glielo – gliene – ve ne – te lo – glieli – me la – ce lo

a. Oggi non ho la macchina, l'ho data a Teresa; comunque ha detto che __________ riporta domani.

b. Stia tranquillo dottor Tardelli, il fascicolo è sul mio tavolo; __________ porto subito.

c. Se Marco ha bisogno di soldi, posso prestar__________ io.

d. Se non conoscete nessun buon ristorante, __________ posso consigliare uno io.

e. A mia madre piacciono molto i cioccolatini, così per il suo compleanno __________ regalo sempre una scatola.

f. Ti ho già detto che sabato devo lavorare e non posso accompagnarti da tua madre. Quante volte ancora __________ devo dire?

g. Adesso che abbiamo i soldi forse dovremmo cambiare casa; __________ dicono tutti gli amici, ma a noi piace quella in cui abitiamo.

5. Rispondete alle domande secondo il modello.

△ Mi dai una matita? ○ Sì, *te la do* subito.

a. △ Puoi prestarci la macchina?
○ Certo, ____________________ quando volete.

b. △ Ci dici che cosa è successo?
○ Sì, adesso ____________________.

c. △ Signorina, per favore, mi batte questa lettera?
○ Sì, dottore, adesso ____________________.

d. △ Marco per favore mi puoi riportare il libro?
○ Certo. Venerdì ____________________.

e. △ Mi porti un bicchiere d'acqua?
○ Sì, ____________________ subito.

f. △ Signor Caputo quando mi consegna quel lavoro?
○ ____________________ mercoledì.

g. △ Quando ci spedite le fotografie?
○ ____________________ la settimana prossima.

h. △ Dove mi lasci le chiavi?
○ ____________________ dentro la cassetta della posta.

⇨ 7

6. Completate le frasi con il futuro.

a. ○ Sai perché il capufficio vuole parlare con Claudia?

□ Non lo so, ma sicuramente (esserci) __________ un motivo preciso.

b. ○ Mario non mi telefona più. È offeso?

□ Non credo, probabilmente (avere) __________ da fare.

c. ○ Quanto tempo ci vuole ancora per arrivare?

□ Mah, se il traffico non aumenta, (volerci) ______________ ancora circa tre quarti d'ora.

d. ○ Sai se Marco è arrivato?

□ Io ancora non l'ho visto. Probabilmente (stare) __________ cercando un parcheggio, come al solito.

e. ○ Bella quella macchina!

□ Bella sì, ma (costare) ______________ anche un sacco di soldi!

f. ○ Come fa Mario a vivere con quei due soldi che guadagna?

□ Mah, lo (aiutare) __________________ i genitori.

g. ○ Quanti studenti vengono sabato all'escursione?

□ Mah, non li ho contati, ma (essere) ____________ circa un centinaio.

7. Unite le frasi della prima colonna a quelle della seconda e coniugate i verbi al futuro.

a. Mario ha promesso alla moglie che a Natale

b. La settimana scorsa per colpa tua abbiamo perso il treno. Mi prometti che questa volta

c. Ti giuro che se mi dai i soldi questa volta,

d. Vi assicuro che se ci prestate la casa

e. Bambini promettetemi che questa volta

f. I miei genitori mi hanno promesso che quest'anno

1. poi non ti (chiedere) ______________ più una lira.

2. non (fare) __________ arrabbiare la baby sitter.

3. le (regalare) _____________ una pelliccia.

4. ve la (fare) __________ ritrovare pulita e in ordine.

5. (essere) __________ puntuale?

6. mi (mandare) ________________ in vacanza da solo.

8. Completate con i verbi al futuro.

Per convincere Margherita a sposarlo, Antonio le fa tutta una serie di promesse. Ecco qui la sua dichiarazione d'amore.

(noi – avere) _____________ una casa tutta nostra e tutte le mattine io ti (svegliare) _____________ con una rosa. Ogni fine settimana (noi – fare) _____________ delle gite in campagna e io ti (portare) _____________ a mangiare nei migliori ristoranti. La sera (noi – andare) _____________ al cinema o a teatro e dopo, a casa, io ti (leggere) _____________ delle novelle. Tu a casa non (fare) _____________ niente. Io (cucinare) _____________, (lavare) _____________, (stirare) _____________ per te. Ti (coprire) _____________ di regali. (Noi – essere) _____________ così felici che tutti ci (invidiare) __________________.

(➪ 8)

9. Completate le frasi con gli aggettivi necessari.

a. Lo so che tu non cambi mai idea, ma attenzione io sono più ____________ di te.

b. Mio figlio passa le ore a guardarsi allo specchio. È ____________ come il padre.

c. Gli ho chiesto in prestito 100 mila lire e lui non ha voluto prestarmele.
Non ho mai conosciuto nessuno così __________.

d. Devi vedere il suo tavolo da lavoro. Tutto è a posto, tutto è in ordine,
non c'è mai niente fuori posto. Si vede subito che un tipo ____________.

e. È inutile che chiedi in prestito la bicicletta a Mario tanto non te la presta.
È così __________ delle sue cose!

avaro
pignolo
vanitoso
geloso
testardo

(➪ 9)

10. Le parole evidenziate se seguite dai suffissi *-ino, -etto, -one* o *-accio* possono fare a meno degli aggettivi o degli avverbi che le accompagnano. Trascrivetele con il suffisso negli spazi che seguono.

Quella di ieri è stata proprio un'avventura. Siamo partiti presto dall'orribile *albergo* dove avevamo passato la notte. Siamo saliti in macchina e siamo arrivati in un grazioso paese dove c'è una piccola *piazza* tutta circondata da deliziose piccole *case* medievali ma nella quale negli anni 60 hanno costruito un municipio orribile: un enorme *palazzo* che distrugge tutta l'armonia del posto. Nel paese abbiamo anche pranzato in un piccolo *ristorante* molto raffinato ma per niente caro. Dopo pranzo siamo ripartiti. Volevamo arrivare a Bologna la sera stessa, ma mentre attraversavamo l'Appennino è cominciato prima a piovere e poi a nevicare e c'era un vento che ti entrava nelle ossa: insomma un *tempo* orribile; tra l'altro noi per fare delle fotografie avevamo preso una *strada* terribile piena di buche. Così è successo che a un certo punto la macchina si è fermata, di sera in un posto in cui non passava nessuno. Eravamo disperati. Poi da lontano abbiamo visto delle luci: un paese! C'è voluta quasi un'*ora* per arrivare; ma grazie a Dio abbiamo trovato un piccolo *albergo* dove abbiamo passato la notte, al caldo.

a. albergaccio   d. ____________   g. ____________

b. ____________   e. ____________   h. ____________

c. ____________   f. ____________   i. ____________

➪ 14

11. Con le seguenti sillabe completate le definizioni qui sotto. Le sillabe rimaste, lette nell'ordine, daranno la parola italiana per «Vorwahl».

squil - tac - chia - pre - ri - at - ca - ma - fis - se - re le - gna - ta - na - mes - stro - la - sag - so - ri - gio

a. In una segreteria telefonica la voce è registrata su un ____________________.

b. Quando risponde la segreteria telefonica chi telefona può lasciare un ____________________.

c. Il bip della segreteria telefonica è un ____________________ acustico.

d. Un'altra parola per «mettere giù» il telefono è ____________________.

e. La persona che parla sulla segreteria telefonica spera di essere ____________________.

f. Invece di «il telefona suona», si può dire «il telefono ________________».

12. Cancellate dal testo di Romagnoli il verbo sbagliato.

Simone telefona / chiama a Laura. Ma lei non risponde. C'è invece una voce registrata su nastro che parla / dice: «È il 592241, dite / lasciate un messaggio dopo il segnale acustico e siete / sarete richiamati.» Simone parla. La chiede / implora di perdonare. Di farsi viva. Dice parole d'amore. Il secondo «bip» lo fa / costringe a riattaccare. Laura non richiama. Simone ritelefona. Ancora quella voce. Aspetta, poi lascia / dice un altro messaggio, accorato. E poi uno ogni ora, per dieci giorni. Anche di notte. Tanto non dorme, Simone, perso / preso d'amore per Laura. La telefona / cerca a casa, al lavoro. Sparita. Resta solo un numero di telefono. E una voce registrata.

13. Ritornate al testo di Romagnoli e completate la storia sottostante con le parole necessarie.

Una volta mi sono innamorato di una donna che poi mi ha lasciato. Io allora ho cominciato a telefonarle ogni giorno, ma appena lei sentiva la mia voce ________________. Altre volte neanche ________________; e io allora ________________ un messaggio sulla sua segreteria telefonica. Erano messaggi ________________: io la ________________ di farsi viva, ma lei non mi ha mai richiamato. Io ho continuato a telefonarle ma a ____________________ sempre più lunghi finché non ____________________ e l'ho dimenticata. Poi molti mesi dopo ho saputo da un amico che lei mi cercava, che voleva rivedermi, e infine una sera il mio telefono ___________________. Io non sono andato all'apparecchio perché sentivo che era lei; e lei ha potuto sentire soltanto la mia voce __________________ su nastro: «È il 35768765. Parlate dopo ______________________________».

➪ 18

14. Completate con i sostantivi necessari.

uno stormo di ______________

un mazzo di ______________

un gruppo di ______________

una collezione di ________________

una raccolta di ______________

un servizio di ______________

una pila di ______________

un mucchio di ______________

15. Leggete il testo e indicate quindi se le affermazioni sono vere o false.

I ragazzi? Tifano per Pirandello

Quando parlano di autori stranieri mettono al primo posto Stephen King, ma subito dopo giurano di prediligere il vecchio Hermann Hesse, naturalmente quello di *Siddharta*. E se discutono il capitolo degli italiani, al «top» collocano Luigi Pirandello seguito da Umberto Eco e Luciano De Crescenzo, rigorosamente prima di Italo Calvino, Primo Levi, Leonardo Sciascia, Alberto Moravia.

Il romanzo più letto tra italiani e stranieri? *Il nome della rosa* di Umberto Eco e il pirandelliano *Il fu Mattia Pascal*. Poi c'è *Siddharta*. E al quarto posto? Naturalmente c'è il vendutissimo *Va' dove ti porta il cuore* di Susanna Tamaro. Ecco cosa leggono i ragazzi italiani secondo la ricerca «Grinzaneletture '95» (realizzata dal Censis intervistando 2.500 ragazzi di età compresa tra i 14 e i 22 anni ancora inseriti nel mondo della scuola), presentata alla Biblioteca Nazionale di Roma. Qualche numero: il 71,4 per cento si dichiara «lettore abituale di quotidiani» e il 74,5 di settimanali. Leggono più quotidiani i maschi (79 per cento) delle femmine (66,6) ma la media si riequilibra subito calcolando il consumo di informazione sportiva perché la sola «Gazzetta» coinvolge il 24,8 per cento degli intervistati uomini. I libri. L'88 per cento dei ragazzi giura di leggerne almeno uno l'anno e tra loro il 45 dichiara di «consumarne» cinque in 12 mesi. Le ragazze leggono più dei ragazzi. Quasi sempre l'impatto con l'oggetto libro avviene durante le vacanze. Più si va a Nord e più la letteratura diventa straniera, al Sud prevale la poesia accanto allo sport, ai giochi e all'attualità.

Una lettura, ha detto il presidente del Censis Giuseppe De Rita, figlia di una cultura legata a una «ideologia dell' intrattenimento»: il libro vissuto come «passatempo» alla stessa stregua della telenovela, della musica rock, del cinema, delle serate in discoteca con gli amici. «Per questo motivo la lettura non ha più un ruolo decisivo nel processo di formazione, anzi: più aumenta l'età e meno si sfogliano i volumi; i ragazzi tra i 14 e i 17 anni di età leggono di più e passano meno tempo davanti al televisore rispetto a chi ha tra i diciassette e i ventun anni».(...)

(da Il *Corriere della Sera*, 5 aprile 1995)

Vero o falso?

	v	f
a. *Siddharta* e il terzo dei romanzi più letti dai ragazzi italiani.	❑	❑
b. Hanno risposto al sondaggio 2.500 studenti.	❑	❑
c. Il 71,4 per cento dei ragazzi legge raramente quotidiani.	❑	❑
d. Il 45 per cento dei ragazzi dichiara di leggere 5 libri l'anno.	❑	❑
e. I ragazzi più giovani passano più tempo di quelli più anziani davanti al televisore.	❑	❑

LEZIONE
5
Com'è successo?

⇨ 3

1. Trasformate le frasi nella forma indiretta.

a. Ho provato tante volte a smettere di fumare ma non ci sono mai riuscito.

Mi ha detto che ______________________________

____

b. Ho cercato di telefonare a Marisa, ma non l'ho trovata a casa.

Mi ha assicurato che ______________________________

____

c. Siamo arrivati in ritardo perché abbiamo trovato traffico.

Mi hanno spiegato che ______________________________

____

d. Un motociclista è passato con il rosso e la polizia l'ha fermato.

Ci hanno raccontato che ______________________________

____

e. Luisa ha studiato giorno e notte ma purtroppo non è riuscita a superare l'esame.

Le ho detto che ______________________________

____

f. Margherita ha chiamato il centralino perché non ha trovato il nostro numero sull'elenco telefonico.

Ci ha detto che ____

____

(➪ 4) **2. Completate le frasi secondo il modello.**

> *Ha raccontato* che non *era entrato* in autostrada attraverso il casello, ma dai campi *scavalcando* il guard-rail.

a. (Spiegare) ________________ che (imparare) ____________________

l'inglese (seguire) ______________ dei corsi per corrispondenza.

b. (Dire) ______________ che (laurearsi) ______________________

(studiare) ______________ giorno e notte.

c. (Affermare) ________________ che (vedere) __________________

tutto (passare) ______________ da lì.

d. (Raccontare) ________________ che (andare) ____________________

in città (prendere) ______________ la metropolitana.

e. (Dichiarare) ________________ che (conoscere) ____________________

il ministro (partecipare) ________________ alle riunioni del partito.

f. (Rispondere) ________________ che (diventare) ____________________

famoso (giocare) ______________ a tennis.

g. (Raccontare) ________________ che (guarire) __________________

dal mal di schiena (fare) ________________una cura di fanghi.

➪ 6

3. Qual è il singolare?

____________	le spalle	____________	i fianchi
____________	le braccia	____________	le gambe
____________	i gomiti	____________	le ginocchia
____________	i polsi	____________	le caviglie
____________	le mani	____________	i piedi
____________	le dita	____________	le cosce

➪ 8

4. Completate le frasi con i seguenti verbi.

attraversare – fermarsi – dare la precedenza
osservare – parcheggiare – rallentare

a. Quando si arriva ad uno stop bisogna ____________.

b. Quando si passa davanti a una scuola bisogna ____________.

c. Nei centri abitati bisogna ____________ il limite di velocità (50 km. all'ora).

d. Quando si arriva a un incrocio bisogna ____________ ai veicoli che vengono da destra.

e. Non si deve ____________ sulle strisce pedonali.

f. Non si deve ____________ la strada quando il semaforo è rosso.

➪ 12

5. Trasformate le frasi secondo il modello.

> *Forse ha visto* il semaforo troppo tardi.
> → *Deve aver visto* il semaforo troppo tardi.

a. Forse sei passato con il rosso.

____

b. Probabilmente ha rallentato troppo tardi.

____

c. Forse si è rotto un fanale.

____

d. Forse il conducente si è distratto.

____

e. Forse hai superato il limite di velocità.

____

f. Forse si è ammaccato un po' lo sportello.

____

g. Forse sono andato troppo veloce.

____

h. Probabilmente abbiamo sbagliato strada.

____

6. Completate il cruciverba. Le caselle evidenziate daranno il nome di una famosa casa di automobili sportive.

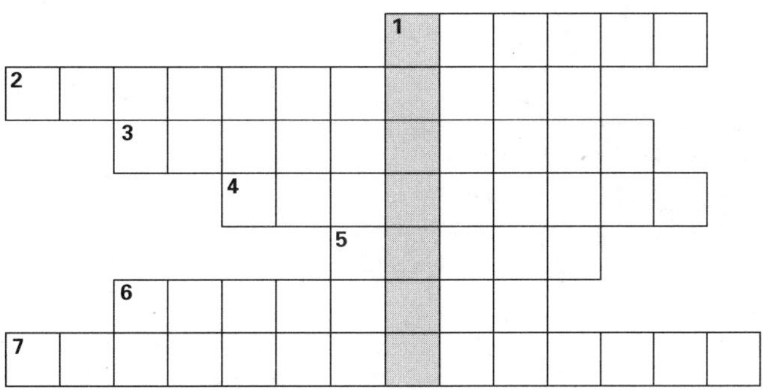

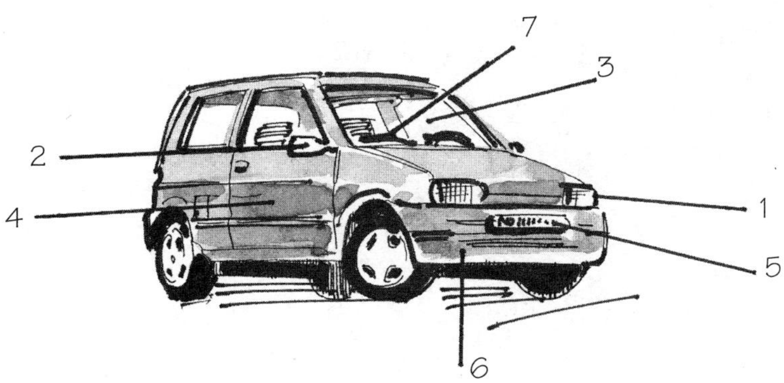

7. La signora Pelloni scrive una lettera alla sua assicurazione per raccontare l'incidente nel quale è rimasta coinvolta.

a. Leggete la lettera e indicate quale dei quattro disegni rappresenta l'incidente.

Milano, 3 settembre 19..

Mariangela Pelloni
Piazzale G. Oberdan, 4
20129 Milano

Spett. Assicurazioni Toro
Agenzia Cavour
Dott. Roberto Tedeschi
Via Cairoli, 7
20141 Milano

Oggetto: Denuncia di sinistro
Constatazione amichevole di incidente

Informo che in data 28 agosto c.a. mentre mi trovavo alla guida della mia autovettura Fiat Punto targata AB-293-BL ho subito il sinistro di cui alla dichiarazione amichevole di incidente allegata.

Descrizione del sinistro

Verso le 11.30 del mattino di sabato 28 agosto c.a. mi trovavo alla guida della mia vettura in Parma sulla via Goffredo Mameli. Giunta in prossimità dell'incrocio con la via Fratelli Bandiera, essendo il semaforo inattivo, rallentavo dando la precedenza ai veicoli provenienti da destra. Mi accingevo a superare il suddetto incrocio, quando il signor Ermanno Tomaselli, domiciliato in Parma, via Boccioni 1, provenendo dalla direzione opposta a velocità sostenuta alla guida di una Fiat Brava targata AC 379-AK voltando improvvisamente a sinistra senza aver preventivamente segnalato la sua intenzione, urtava violentemente la fiancata della mia autovettura che riportava ingenti danni allo sportello sinistro. Testimone dell'incidente era il signor Franco Berardi residente in Piacenza, Via Giovanni del Campo 27. Resto in attesa di vostre comunicazioni a riguardo sia per quanto concerne la visita del vostro perito, sia per il risarcimento dei danni subiti.

Con i migliori saluti

Mariangela Pelloni

1

2

3

4

b. Rintracciate nel testo le espressioni che corrispondono alle seguenti.

stavo guidando la mia macchina	______________________
arrivata vicino	______________________
che venivano	______________________
stavo per	______________________
che ho già nominato	______________________
che abita	______________________
molto velocemente	______________________
prima	______________________
gravi, notevoli	______________________

c. Nella lingua burocratica si usa a volte l'imperfetto al posto del passato prossimo. Cercate i tre esempi presenti nel testo.

______________________ ______________________ ______________________

⇨ 13

8. Franco racconta quello che gli è successo. Completate con i verbi al tempo opportuno.

(Succedere) ______________ che domenica scorsa io (dovere) ______________ andare a prendere un amico alla stazione e (dovere) ______________ essere lì verso le nove. La mattina però non (sentire) ______________ la sveglia e (svegliarmi) __________ __________ poco prima delle otto e mezza. Allora (vestirmi) __________ __________ in fretta e non (fare) __________ nemmeno colazione per poter essere puntuale. (Prendere) __________ la macchina e, siccome (esserci) __________ poco traffico, io per sbrigarmi (cominciare) ______________ a correre un po'. (Mancare) ______________ pochi minuti all'arrivo del treno e io (stare) _________ per arrivare alla stazione, quando all'improvviso un cane (attraversare) __________________ la strada. Io (frenare) ______ _________ subito, ma, siccome (piovere) ____________ un po', la macchina (sbandare) ________________ e io (andare) ________________ a sbattere contro un'altra macchina che (essere) _________ parcheggiata in seconda fila davanti a un bar. Per fortuna a me non (succedere) ______________ niente, ma le due macchine (ammaccarsi) ____________________. Insomma, alla fine il mio amico non mi (trovare) ______________ alla stazione come gli (promettere) ______________________ il giorno prima, io ho (dovere) ______________ litigare con il proprietario dell'altra macchina che non (volere) ____________ ammettere la sua parte di colpa e adesso io devo andare a piedi almeno per una settimana.

(➪ 14)

9. Ecco gli anagrammi di alcune parole che compaiono nel testo a pagina 72 del manuale. Trovatele aiutandovi con le definizioni che li accompagnano.

a. tsipa iccabelli	parte della strada riservata alle biciclette
b. stilacci	persona che va in bicicletta
c. tolerompi	grande città
d. rumaglone	strada costruita vicino al mare
e. losai ladonepe	parte della città che può essere usata solo dai pedoni
f. tumoazennine	lavori per mantenere in funzione qualcosa
g. gratotti	viaggio da un luogo ad un altro

(➪ 16)

10. Rileggete il testo a p. 72 del manuale e completate le frasi al passivo usando il presente o il passato prossimo.

a. A causa del traffico intenso in alcune città italiane la bicicletta ________ usat___ per raggiungere più facilmente il posto di lavoro.

b. In molte città del sud le macchine __________ preferit___ alle biciclette.

c. A Ragusa qualche tempo fa __________ vietat___ l'uso delle biciclette sul lungomare.

d. A Roma la pista di Viale Angelico __________ realizzat___ per i mondiali del '90.

e. A Milano non ci sono abbastanza parcheggi e a volte le auto __________ parcheggiat___ anche sulle piste ciclabili.

f. Nelle città del nord, anche se le piste ciclabili non sono molte, già da tempo il centro di molte città __________ chius___ ai mezzi motorizzati.

g. A Vicenza _____________ costruit___ piste ciclabili per una lunghezza complessiva di 12 chilometri.

11. Completate secondo il modello.

> Luigi *è stato investito* da un automobilista che non *aveva rispettato* il limite di velocità.

a. Io (tamponare) ______________________ da un automobilista che non (fermarsi) ____________________ al semaforo rosso.

b. Loro (accompagnare) __________________________ all'ospedale da una persona che (assistere) ______________________ all'incidente.

c. Il rapinatore (riconoscere) ______________________ da una signora che (vederlo) ____________________ uscire dal negozio.

d. La polizia (avvertire) ______________________ da un passante che (assistere) ____________________ alla rapina.

e. L'ambulanza (chiamare) ______________________ da un vigile che poco prima (arrivare) ____________________ sul posto.

12. Il direttore di una casa di cura presenta il programma per gli ospiti. Completate il testo con il passivo usando il verbo *venire*.

Al loro arrivo i nostri clienti (accogliere) vengono accolti dalle nostre hostess e accompagnati in albergo. Qui (assegnare) ______________________ loro una camera singola dotata di ogni comfort. Il pomeriggio stesso i nostri ospiti (sottoporre) ______________________ a un check up accurato e ad ognuno di loro (prescrivere) ____________________ una dieta personalizzata. Alla dieta si accompagna un programma di attività ginniche che (svolgere) ____________________ all'aperto sotto la guida di insegnanti specializzati. Inoltre ogni sera (organizzare) ______________________ diverse attività ricreative durante le quali i nostri ospiti hanno modo di conoscersi e di fare amicizia.

13. Leggete il testo e rispondete alle domande.

Sbanda con l'auto e abbatte il chiosco

Spettacolare incidente l'altra notte in via Andrea Costa. Un'auto di grossa cilindrata è finita fuori strada, per cause in via d'accertamento, all'altezza del numero civico 70. Per l'automobilista, un uomo di 32 anni , le conseguenze non sono state gravi, ma l'auto, evidentemente ingovernabile, ha centrato, abbattendoli, una cabina telefonica e un chiosco di gelati, e ha urtato una cabina dell'Enel.
L'incidente è accaduto poco dopo le tre. Sul posto sono immediatamente intervenuti gli uomini di Bologna-soccorso, i carabinieri, i vigili del fuoco e il personale della Telecom e dell'Enel.
L'automobilista è stato medicato all'ospedale Maggiore. I carabinieri del nucleo Radiomobile hanno dovuto disciplinare il traffico per evitare altri incidenti. I vigili del fuoco hanno invece provveduto a ripulire la strada completamente invasa dai pezzi del chiosco di gelati e della cabina del telefono. La situazione è tornata alla normalità solo alcune ore dopo.

(da *Il Resto del Carlino*, 12/3/95)

a. Che tipo di macchina guidava l'automobilista?

____

b. Che cosa ha danneggiato l'automobilista?

____

c. Che cosa hanno fatto i carabinieri e i vigili del fuoco?

____

LEZIONE 6

Non so che dirLe!

(➪ 2)

1. Completate lo schema.

		parlare	prendere	partire	capire
… che	io				
	tu				
	lui	________	prenda	________	capisca
	lei				
	Lei				
	noi	________	________	partiamo	________
	voi	________	prendiate	________	capiate
	loro	parlino	________	partano	________

a. Quali desinenze hanno la prime tre persone singolari nei verbi in *-are, -ere,* e *-ire*?

b. Quali forme sono uguali all'imperativo formale e quali sono invece uguali al presente indicativo?

2. Completate con il congiuntivo presente.

a. Crede che	io	______	molto tempo libero.
	loro non	abbiano	
	voi	______	
b. Mi sembra che	lui	sia	in ritardo.
	voi non	______	
	loro	______	
c. Non so se	tu	______	molto di affitto.
	lei	paghi	
	voi	______	
d. Credo che	tu	______	la carne.
	lui non	mangi	
	loro	______	

— Mia moglie pensa che sia meno faticoso, in discesa!...

⇨ 3

3. Trasformate le frasi secondo il modello.

Forse i nostri vicini *sono* napoletani.
→ *Ci sembra che* i nostri vicini *siano* napoletani.

a. Forse Franco stasera finisce di lavorare tardi.

Credo che Franco ____ .

b. Forse i Grandini abitano vicino alla stazione.

Mi sembra che i Grandini ____ .

c. Forse il dottor Piscopo è un bravo medico.

Credo che il dottor Piscopo _____________________________________ .

d. Forse voi guadagnate più di me.

Credo che voi ____ .

e. Forse tu conosci Franco e Laura.

Mi sembra che tu ____ .

f. Forse Lei ha un appartamento più grande del mio.

Credo che Lei ____ .

g. Forse Mario arriva più tardi.

Penso che Mario ____ .

h. Forse tua madre richiama stasera.

Penso che tua madre ____ .

(➪ 4) **4. Completate le frasi con il congiuntivo presente dei verbi sottostanti.**

avere – conoscere – finire – guadagnare – insegnare
lavorare – partire – spendere – suonare – trovarsi

a. L'appartamento in cui abitano Caterina e Andrea è sicuramente caro, ma non so quanto loro_______________ per l'affitto.

b. Giuliano ha un ottimo stipendio, ma non so di preciso quanto _______________.

c. Certamente Stefano ha più di 40 anni ma non so di preciso quanti anni ____________.

d. So che Luciana lavora come interprete, ma non so quante lingue _______________.

e. Fontanellato è in Emilia ma non so di preciso dove _______________.

f. Mario lavora alla Olivetti ma non so bene in che reparto _______________.

g. Marco e Lidia lavorano soltanto la mattina, ma non so bene a che ora _______________.

h. Il mio treno parte presto, ma non so di preciso a che ora _______________.

i. Maria fa parte di un gruppo musicale, ma non so di preciso che strumento __________ .

j. Andrea è professore in un liceo, ma non so bene che materia _________________.

(➪ 6) **5. Completate il dialogo con le seguenti parole.**

proprio – sottili – case – disturbarLa – suonare – dispiace – sarebbe – desolata – Suo figlio – pomeriggio – l'abitudine – un'altra

□ E poi ci _______________ ancora _______________ cosa, signora, mi scusi …

○ Sì.

□ Forse Lei ha _______________ di _______________ il pianoforte nel primo _______________.

○ No, questo è mio figlio.

□ Ah, è _______________. Sì, ecco avrei proprio questa cortesia da chiederLe … cioè, sa come sono le nostre _______________, le pareti sono così _______________ che si sente _______________ tutto …

○ Signora, sono _______________, non so che dirLe, mi _______________. Cercheremo di non _______________ più.

6. **Completate le frasi con i pronomi indiretti e con i verbi al congiuntivo presente.**

a. Mario, non ____ sembra che oggi Carla (essere) _____ nervosa?

b. Ragazzi, voi che ne dite: ____ sembra che (avere) ________ ragione Mario o Antonio?

c. Se posso dire quello che penso ____ sembra proprio che tu non (conoscere) _____________ bene il tuo lavoro.

d. Marcello dice che non _____ sembra necessario che la riunione (cominciare) __________ così presto.

e. Io e Bruno siamo della stessa idea: ____ sembra che non (essere) ________ possibile cominciare il lavoro già da domani.

f. Claudio e Giorgio non sono d'accordo. Dicono che non ____ sembra il caso che si (spendere) _____________ tanti soldi per una nuova fotocopiatrice.

g. Spero di sbagliarmi signora, ma ____ sembra che il Suo bambino non (distinguere) ____________ bene i colori.

7. **Nelle caselle evidenziate si leggerà il nome di un impianto molto comune in un condominio.**

1. Lo sono i figli della signora Federici.
2. Ne ha due la signora Federici.
3. Sono sottili nel condominio delle due signore.
4. La sente a tutto volume la suocera della signora Federici.
5. La signora Federici le ha con i figli e con la suocera.
6. Un giocattolo dei figli della signora Federici.
7. Lo sono la signora De Rossi e la signora Federici.
8. Lo vorrebbero fare nel pomeriggio i signori De Rossi.

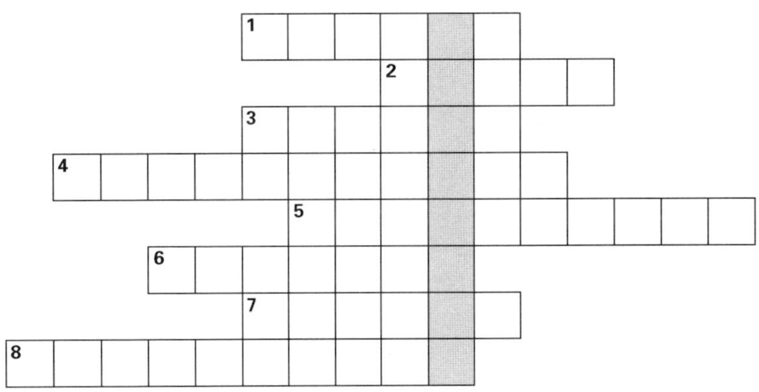

⇨ 8

8. Qual è il contrario? Completate le frasi con gli aggettivi qui sotto concordandoli se necessario.

vergognoso – sottile – vivace gentile – scemo – insofferente

a. Sono fratelli gemelli ma non si somigliano per niente: Paolo è tranquillo, Piero invece è ________________.

b. Se sei così ____________ non puoi lavorare con i bambini. Puoi farlo solo se sei molto paziente.

c. Non entrerò più in quel negozio finchè ci sarà quella commessa così sgarbata. Preferisco fare le spese alla Rinascente, che sarà anche cara, ma dove almeno i commessi sono ________________.

d. A vederlo sembrava _________, poi l'ho conosciuto e ho scoperto che è una persona veramente intelligente.

e. È ammirevole che a Vicenza ci siano 12 chilometri di piste ciclabili, è invece ____________ che a Ragusa sia addirittura proibito andare in bicicletta sul lungomare.

f. Nelle vecchie case le pareti sono abbastanza spesse, in quelle moderne invece sono piuttosto ____________.

⇨ 10

9. Completate lo schema.

		andare	fare	uscire	venire	volere
... che	io					
	tu					
	lui	vada	______	esca	______	voglia
	lei					
	Lei					
	noi	______	______	usciamo	______	______
	voi	andiate	facciate	______	veniate	______
	loro	______	facciano	______	vengano	vogliano

10. La signora Caira è molto curiosa, soprattutto di quello che fanno i suoi vicini. Completate con il congiuntivo presente.

Non credo che la nuova vicina (essere) _____ italiana, perché mi sembra che (parlare) _______ con un accento straniero, inglese forse. Non so che lavoro (fare) __________ ma credo che (lavorare) __________ lontano da qui perché la mattina esce sempre molto presto. Non so se (avere) ________ molti amici, perché mi sembra che (uscire) ________ sempre da sola; ma credo che qualche volta qualcuno (venire) __________ a trovarla e mi sembra anche che (restare) __________ a dormire. Insomma questa ragazza è un mistero e sembra proprio che non (volere) __________ far saper niente di se stessa.

11. Trasformate le frasi secondo il modello.

Secondo me gli adulti *sono diventati* più intolleranti.
→ *Credo che gli* adulti *siano diventati* più intolleranti.

a. Secondo noi hai fatto male a non parlarne con Lina.

____

b. Secondo loro i tempi sono cambiati.

____

c. Secondo me ieri Lucia ha sbagliato.

____

d. Secondo Lei io ieri ho parlato troppo?

____

e. Secondo voi io sono stata poco gentile con Franco?

____

f. Secondo lui Paolo non si ancora è deciso.

____

g. Secondo te Mario ha risposto bene all'esame?

____

12. Completate le frasi con *forse / secondo me* oppure con *penso che / credo che.*

a. _______________ si devono capire anche le esigenze degli anziani.

b. _______________ ci voglia un po' di comprensione da tutte e due le parti.

c. _______________ si può trovare un compromesso.

d. _______________ i bambini abbiano tutto il diritto di giocare.

e. _______________ anche i bambini hanno il dovere di rispettare il riposo degli altri.

f. _______________ i bambini oggi sono troppo viziati.

g. _______________ i genitori oggi non vogliano occuparsi troppo dei figli.

➪ 11

13. Infinito o congiuntivo? Completate le frasi secondo il modello.

I miei vicini pensano *di avere* il diritto di fare quello che vogliono a casa loro; io penso invece che questo diritto loro non lo *abbiano*.

potere — fare — lavorare — avere — essere

a. Io credo _______________ poco tollerante, ma credo che tu lo _______________ ancora meno di me.

b. Io credo che tu in parte _______________ ragione, ma io non credo _______________ del tutto torto.

c. Tu credi _______________ continuare a fare quello che vuoi, ma noi non crediamo _______________ accettare questa situazione.

d. Lui crede _______________ tanto, ma io credo che tu _______________ molto più di lui.

e. A me non sembra _______________ troppo rumore. Mi sembra che ne _______________ molto di più il mio vicino.

14. La signora Pina ha scritto a un giornale per lamentarsi di quello che avviene nel suo condominio. Ricomponete il testo.

(1) Sono una pensionata di 72 anni. Nel palazzo dove abito c'è un grande cortile dove i bambini dello stabile giocano tutto il pomeriggio. Non potete immaginarvi il rumore che fanno! Fino a sera non si sentono che grida.

( ) Meno male che i bambini la mattina vanno a scuola; ma nei giorni di festa il chiasso comincia già alle dieci del mattino e d'estate finisce solo dopo le otto di sera quando non c'è più luce. A me il pomeriggio piacerebbe riposare o comunque stare un po' in pace, perché alla mia età c'è bisogno di tranquillità.

( ) E invece niente: ogni giorno è la stessa storia. Io qualche volta sono scesa in cortile e ho pregato i bambini di essere un pochino più calmi; ma naturalmente è saltata su qualche madre dicendomi che i bambini hanno il diritto di giocare e che noi anziani sappiamo solo lamentarci e che ci dimentichiamo troppo facilmente che anche noi siamo stati bambini.

( ) Ora io dico: ma è possibile che non si possa rispettare un orario? È proprio necessario che i bambini scendano in cortile già alle due? E non è possibile che almeno fino a un'ora più decente facciano dei giochi più tranquilli?

( ) Tanta difesa del diritto dei bambini al gioco è spesso soltanto un alibi per la pigrizia dei genitori. Cosa credete che facciano le madri mentre i loro figli si rincorrono urlando come piccoli animali?

( ) L'unica cosa che mi consola è che tanta maleducazione ne genera altra, quella maleducazione che anche loro conosceranno quando saranno anziane come me.

( ) Siedono davanti al televisore o chiacchierano al telefono con le amiche. Eh sì, a loro fa molto comodo che i figli se ne stiano fuori di casa: la cosa gli risparmia i loro doveri di mamme.

13 **15. Leggete il seguente articolo e indicate poi se le affermazioni sono vere o false.**

Un padre non può rispondere del piano suonato dalla figlia

Suonava al piano Mozart e Chopin, Antonietta Incardona, 24 anni, pianista milanese, diplomata al Conservatorio di Verona e laureanda in musicologia. Secondo i vicini però le sue non erano dolci note, ma autentiche «molestie acustiche», prodotte da un «martellamento ai timpani» da sei ore al giorno di esercitazioni in una casa senza adeguate protezioni sonore. L'accusa, sostenuta dai condomini, ha finito per portare suo padre, Francesco, 57 anni, dritto in tribunale, a rispondere, lui per la figlia, di quel pianoforte troppo rumoroso. (...)

Tutto risale a cinque anni fa, quando la ragazza si è comprata un pianoforte a coda. Venti milioni spesi per studiare e lavorare che hanno seminato zizzania, soprattutto con una famiglia del quinto piano, dove abita Antonella, e una del sesto, in via Lamennais 5.

«Ogni ora di suono – spiega Antonietta, amareggiata, ma piena di voglia di lottare – veniva ricambiata con lo stereo acceso a tutto volume dai vicini del piano di sopra. Non importava niente se io suonavo solo nelle ore previste dal regolamento condominiale. Non c'era verso di parlare con loro, di cercare un accordo. (...)

Antonietta, occhi enormi, mingherlina, adesso è contenta. Il pretore, venerdì scorso, ha infatti assolto suo padre. Inoltre ha rilevato l'impossibilità di condannarlo a causa del piano suonato dalla figlia. (...)

Contenta è contenta Antonietta. Anche se ha dovuto dire «addio» al suo piano. Per evitare altre lamentele l'ha portato in un seminterrato a Cusago, lontano da orecchi troppo sensibili. «A Milano – spiega Antonietta – non è stato possibile. Ho provato in tre condomini, chiedendo di affittare il seminterrato. I condomini però hanno rifiutato me e il mio piano. A Cusago Antonietta va ogni giorno per esercitarsi. E il futuro? L'ha già progettato: una casetta isolatissima, dove possa vivere immersa in una babele di suoni con il fidanzato batterista.

(da *Il Corriere della Sera*, 15 /2/1995)

Vero o falso?	**v**	**f**
a. Il vicino del quinto piano rispondeva alle esercitazioni di Antonietta con lo stereo a tutto volume.	❑	❑
b. Antonietta suonava solo in certe ore del giorno.	❑	❑
c. I vicini hanno sempre rifiutato ogni accordo con Antonietta.	❑	❑
d. Antonietta ha portato il suo piano in una casetta isolata.	❑	❑

Mio figlio come al solito

(➪ 2) **1. Completate con il verbo o con il sostantivo.**

punire	__________
__________	bacio
abbracciare	__________
__________	decisione
sospendere	__________
__________	protesta
scioperare	__________
__________	divieto
rispettare	__________

(➪ 3) **2. Usate *durante* invece di *mentre*.**

a. mentre correvo — durante la corsa

b. mentre leggevo __________

c. mentre cenavo __________

d. mentre passeggiavo __________

e. mentre telefonavo __________

f. mentre viaggiavo __________

g. mentre dormivo __________

h. mentre ritornavo __________

i. mentre partivo __________

3. Completate le frasi con *mentre* o *durante*.

a. Carla si è sentita male __________ nuotava.

b. La corrente è andata via __________ guardavamo la partita.

c. Per favore, non disturbarlo __________ studia.

d. Ho letto il libro __________ il viaggio in treno.

e. Hanno avuto un incidente __________ correvano con la moto.

f. Hai avuto paura __________ il film di Dario Argento?

g. Ieri sera a teatro mi sono addormentato __________ lo spettacolo.

(➪ 4) **4. Molti italiani il fine settimana giocano al Totocalcio. A volte le vincite sono modeste, a volte miliardarie. Gino dice che a lui per cambiare vita «basterebbero» 5 miliardi. Ecco che cosa farebbe con tanti soldi. Completate il testo con i verbi al condizionale presente.**

cambiare	investire	mettere	smettere
dare	comprare	partire	vedere

Per prima cosa ______________ di lavorare. Poi ______________ per un viaggio di almeno tre mesi intorno al mondo. ______________ l'America e l'Asia e soprattutto l'Africa. Al ritorno ______________ tre appartamenti: uno per me, non troppo grande ma tranquillo, e altri due che ______________ in affitto. Poi ______________ la macchina: non più la mia vecchia Fiat, ma un'Alfa Romeo nuova fiammante. Il resto dei soldi lo ______________ in banca o lo ______________ in titoli sicuri.

5. Come ogni domenica anche questa Gino non ha vinto. Completate adesso con i verbi al condizionale passato.

Per prima cosa ________________________ di lavorare. Poi __________ ______________ per un viaggio di almeno tre mesi intorno al mondo. ________________________ l'America e l'Asia e soprattutto l'Africa. Al ritorno ____________ ____________ tre appartamenti: uno per me, non troppo grande ma tranquillo, e altri due che ________________________ in affitto. Poi ________________________ la macchina: non più la mia vecchia Fiat, ma un'Alfa Romeo nuova fiammante. Il resto dei soldi lo __________ ______________ in banca o lo ______________ ______________ in titoli sicuri.

6. Completate con il condizionale passato dei seguenti verbi.

andare – interessare – passare – preferire – prendere

a. Ieri sera ______________________ volentieri al ristorante.

b. Oggi invece di lavorare ______________________ andarmene in giro.

c. L'estate scorsa ______________________ volentieri qualche giorno in campagna.

d. Il mese scorso ______________________ qualche giorno di ferie.

e. Ieri pomeriggio mi ______________________ andare alla conferenza.

⇨ 8

7. Rispondete secondo il modello.

□ Ma perché non parli con tuo figlio? ○ Ma scherzi? Non *ci si può parlare.*

a. □ Non vuoi discutere un po' con Roberto?

○ Ma per carità. Non ______________________.

b. □ Prova a ragionare con lui.

○ E a che serve? No, non ______________________.

c. □ Perché non lavori con questi arnesi?

○ No, sono troppo vecchi non ______________________ bene.

d. □ Hai chiacchierato un po' con Stefano?

○ Sì, ma cinque minuti. È un tipo così noioso. Non ______________

______________ più a lungo.

e. □ Con chi hai giocato a tennis?

○ Con Alessandra. Ma è troppo forte. Non ______________

__________ con soddisfazione.

⇨ 11

8. Scrivete dei dialoghi secondo il modello.

Mio figlio ha trovato una ragazza che è come lui, identica. (esigente)

○ *Combinazione ha voluto che* mio figlio *abbia trovato* una ragazza che è come lui, identica.

□ No, guarda, secondo me tu sei un attimino troppo *esigente*.

a. Mia suocera è arrivata proprio mentre io guardavo il film in televisione. (intollerante)
b. Ieri, mentre andavo a dare l'esame, un gatto nero mi ha attraversato la strada. (pessimista)
c. Al mercato delle pulci mi hanno venduto una bicicletta rubata. (ingenuo)
d. Franco mi ha chiesto dei soldi in prestito proprio il giorno in cui avevo preso lo stipendio. (generoso)
e. Oggi, mentre mangiavo gli spaghetti, mi sono fatto questa minuscola macchia sulla cravatta. (pignolo)

⇨ 13

9. Completate la tabella.

	io, tu, lui, lei, Lei	noi	voi	loro
stare			stiate	
dare	dia	diamo		
dovere	debba		dobbiate	
sapere			sappiate	
scegliere		scegliamo		scelgano
rimanere				rimangano
salire	salga		saliate	
spegnere		spegniamo		spengano
tenere		teniamo		

— Fa' come ti pare, Corinna, però penso che per un primo appuntamento tu stia esagerando!

10. Trasformate le asserzioni in opinioni.

a. Mario viene più tardi.

Credo che ______________________________.

b. Voi non andate molto d'accordo con i vostri vicini.

Mi sembra che ______________________________.

c. Lei deve avere un po' di pazienza.

Credo che ______________________________.

d. Solo voi potete aiutarmi.

Credo che ______________________________.

e. Ai ragazzi rimane poco tempo per studiare.

Trovo che ______________________________.

f. Lui sceglie senza riflettere.

Mi pare che ______________________________.

g. Mario tiene molto all'eleganza.

Non mi sembra che ______________________________.

h. Oggi i giornali non escono a causa dello sciopero.

Mi pare ______________________________.

i. Questa salsa sa un po' di bruciato.

Trovo che ______________________________

18

11. Sostituite le espressioni sottolineate con quelle qui sotto coniugando eventualmente il verbo.

sudare sette camicie	non avere una lira in tasca	essere all'antica
darsi un gran da fare		guai a parlarne

a. Quest'anno ho dovuto faticare tanto per convincere mia madre a mandarmi in vacanza con gli amici.
b. La moto? Non se ne può discutere con i miei genitori! Non vedono che pericoli in giro!
c. Mia figlia ha fatto di tutto pur di trovarsi un lavoretto per l'estate e alla fine l'ha trovato.
d. Alla fine delle vacanze ho dovuto chiedere un prestito ai miei amici perché non avevo più soldi.
e. I miei genitori sono proprio tradizionali. Non vogliono che io vada in vacanza con il mio ragazzo.

12. Completate le frasi con i verbi e con i pronomi necessari.

a. Mario mi ha detto che se vuole superare quell'esame, questa settimana _____ tocca _______________ dalla mattina alla sera.

b. Accidenti! Volevo prendere la macchina, ma quel bidone non vuole partire. Così adesso _____ tocca _______________ in autobus.

c. Carlo e Anna volevano passare due settimane ai Caraibi ma il bambino si è ammalato e così quest'anno _____ tocca _______________ alle vacanze.

d. La segretaria è arrabbiatissima. La sua collega è malata, così oggi _____ tocca _______________ tutto il lavoro da sola.

e. Come dici? Venerdì vengono i tuoi suoceri? Ma allora _____ tocca _______________ con loro tutto il fine settimana.

f. Maledizione! Abbiamo perso il traghetto. Adesso _____ tocca _______________ il prossimo.

aspettare

studiare

passare

rinunciare

fare

andare

13. Completate le frasi con il condizionale passato dei seguenti verbi.

a. Lavorando durante le ferie Luigi ______________________________ qualche soldo.

b. In quel ristorante noi ______________________________ meglio e ______________________________ di meno.

c. Senza quel soggiorno in Inghilterra io non ______________________________ così bene l'inglese.

d. L'estate scorsa mi ______________________________ lavorare come baby-sitter.

e. In un villaggio turistico certamente Gina ______________________________ nuove amicizie.

f. Andando in giro per il mondo loro ______________________________ altri modi di vita.

g. Lontano dalla tua famiglia ______________________________ più indipendente.

h. Al mare voi non ______________________________ come qui in campagna.

annoiarsi
conoscere
diventare
fare
guadagnare
imparare
mangiare
piacere
spendere

14. Condizionale presente o passato? Completate le frasi tenendo conto dei tre esempi sottostanti.

> Quest'estate mi piacerebbe fare l'animatrice.
>
> Quest'estate mi sarebbe piaciuto fare l'animatrice, ma i miei non me lo permettono.
>
> L'estate scorsa mi sarebbe piaciuto fare l'animatrice, ma i miei non me l'hanno permesso.

a. Oggi (io-mangiare) ______________________________ volentieri gli gnocchi, se ci sono.

b. Ieri (noi-visitare) ______________________________ volentieri il museo, ma era chiuso.

c. Perché non mi hai chiesto di accompagnarti? (Farlo) ______________________________ volentieri.

d. Stasera (io-preferire) ______________________ restare a casa, se non ti dispiace.

e. Cecilia stasera (venire) ______________________ al cinema con noi, ma ha già un impegno.

f. Riccardo ieri aveva un impegno, altrimenti (rimanere) ____________ ____________ sicuramente.

g. Noi (passare) ______________________ da te verso le cinque, se ti va bene.

h. Anche se avete poco tempo, passando per Padova, (dovere) ____________ ____________ vedere almeno la Cappella degli Scrovegni.

i. Mi dispiace, stasera non ho tempo, se no (tenerti) ____________ ____________ volentieri la bambina.

➪ 19

15. Completate le frasi con il verbo *cavarsela* al tempo e al modo necessari.

a. Per la riparazione della macchina credevo di dover spendere un sacco di soldi e invece ______________________ solo con centomila lire.

b. Non credo che Lina ______________ bene con il computer.

c. Franco, come ______________ con la matematica?

d. I miei figli a scuola, anche se non studiavano molto, ____________ ____________ sempre abbastanza bene.

e. Non preoccupatevi troppo se non sapete bene la lingua. Vedrete che in Spagna ______________________ anche con l'italiano.

f. L'esame è stato difficile, noi però ______________________ abbastanza bene.

g. Non penso che Giorgio l'estate scorsa ______________________ male in Inghilterra.

16. **Fra le possibilità indicate qui sotto solo una è quella esatta. Trascrivetela nello spazio vuoto corrispondente.**

(1) e, se, perché
(2) di, per, ad
(3) che, a, di
(4) quando, e, poiché
(5) ma, e, che
(6) quindi, perché, ma
(7) di, che, se
(8) Ma, Se, Perché
(9) per, di, da
(10) quando, se, che
(11) se, quando, perché
(12) quindi, perché, quando

Sono una mamma che non sa più cosa fare (1) ____________ mi rivolgo a Lei (2) ___________ avere un consiglio. Cercherò (3) _________ essere breve: Roberta, mia figlia, due mesi fa ha compiuto 16 anni (4) ______________ da quel giorno sono cominciati i guai. Per il suo compleanno infatti le ho regalato una vacanza con me negli Stati Uniti. Lei invece voleva un motorino (sono mesi che ne parla), (5) __________ io non voglio comprarglielo (6) ______________ ho paura che le succeda qualche incidente. Due giorni fa mi ha detto (7) __________ non vuole più venire in viaggio con me. Ha trovato lavoro come baby-sitter presso un villaggio turistico. (8) ______________ io non voglio farle questo regalo, ci penserà lei. Lavorerà tutta l'estate (9) _________ potersi comprare questo maledetto motorino. A me l'idea non piace affatto, potrei anche proibirglielo, ma lei mi ha risposto (10) ______________, (11) ______________ non glielo permetterò quest'anno, l'anno prossimo, (12) ______________ avrà 18 anni, potrà fare di testa sua. Che fare? Mi dia Lei un consiglio.

17. Il seguente brano è tratto da «Ex cathedra» di Domenico Starnone. Il libro è il diario di un anno scolastico di un professore. Il 22 settembre 1985 inizia l'anno scolastico e, poiché ancora mancano diversi colleghi, il professore deve fare una supplenza in una classe. Leggete il testo e decidete poi se le affermazioni alla fine sono vere o false.

Io passo il tempo a studiare l'elenco dei nomi nel registro e di tanto in tanto minaccio: o state buoni o facciamo l'analisi grammaticale. Non c'è più una Maria, una Giuseppina, una Carmela. Persino le Rosselle sono tramontate. Adesso si chiamano tutte Deborah con l'acca, Sabrina, Giada, Romina. E Catia senza il kappa.

Con Catia - l'allieva Seroni Catia - mi è già toccato di litigare. Ha scoperto che il terzo volume della storia della letteratura italiana è misteriosamente in due volumi e costa quarantamila lire. Allora s'è messa a cavillare. Ha detto che non si può spacciare per terzo volume una cosa che è fatta in due volumi. Terzo volume si intende terzo volume e non terzo e quarto. Inoltre - ha continuato col tono di una comunicazione giudiziaria - i due volumi si compongono di duemila pagine: se non le leggiamo tutte nel corso dell'anno scolastico, il padre, che è laureato in economia e commercio e iscritto al Msi, si è detto intenzionato a denunciarmi. Infine - ha concluso - con quarantamila lire lei va a sentire Claudio Baglioni e in più si compra un disco e i pop corn; altro che storia della letteratura. Io le ho risposto che se un terzo volume è in due tomi è del tutto regolare. Solo lei che non aveva familiarità coi libri si poteva scandalizzare. Duemila pagine inoltre - ho continuato - sono una vera fortuna per chi ha desiderio di imparare: peccato anzi che le pagine non siano tremila. Infine - ho detto con distacco e insieme la soddisfazione di chi taglia corto - il libro, egregia Seroni, costa quarantamila lire perché tu sia educata già in libreria al fatto che non si può mettere sullo stesso piano Claudio Baglioni, i pop corn e Ugo Foscolo. Per finire le ho consigliato: ribattezzati, chiamati Caterina; che diavolo è questo Catia? Vai a posto.

Vero o falso?	**v**	**f**
a. In classe ci sono diverse ragazze che si chiamano Maria.	❏	❏
b. Catia ha litigato con il professore.	❏	❏
c. Il padre di Catia è d'accordo con il professore.	❏	❏
d. Per Catia è meglio spendere i soldi per un concerto di Baglioni che per la letteratura italiana.	❏	❏
e. Per il professore gli studenti che vogliono imparare non dovrebbero contare le pagine dei libri.	❏	❏
f. Il professore è del parere che i ragazzi non debbano trasformare i loro nomi di battesimo.	❏	❏

LEZIONE 8

Ma perché non prendi l'autobus?

➪ 1

1. Ecco come hanno risposto queste persone alla domanda: «Cosa farebbe se fosse il vincitore della lotteria di Capodanno?» Completate le risposte con le preposizioni.

a. Smetterei _____ lavorare.

b. Rinuncerei _____ vivere nel mio paese.

c. Penserei _____ futuro.

d. Sarei disposto _____ fare una festa per tutti gli amici.

e. Distribuirei _____ beneficienza un quarto della vincita.

f. Continuerei _____ vivere come prima.

g. Scapperei _____ qui.

➪ 2

2. Trasformate le frasi sostituendo a *chi* la forma *quelli che*.

a. C'è chi spenderebbe subito tutti i soldi e chi invece li metterebbe in banca.

____

b. Non mi fido di chi parla tanto e non conosce veramente la situazione.

____

c. Perché ti lamenti con me? Lamentati con chi ti ha consigliato così male.

____

d. A chi ha già visto la mostra vorrei chiedere cosa ne pensa, quali sono le sue impressioni.

____

e. Per chi non capisce l'inglese c'è a disposizione anche una guida in italiano.

____

f. Il lavoro del commesso non è facile. Tra i clienti c'è sempre chi non sa ciò che vuole ma pensa che il commesso debba comunque capire i suoi desideri.

____

➪ 6

3. Completate la tabella.

		andare	avere	capire	essere	fare
	io	andassi	________	________	fossi	________
	tu	________	avessi	________	________	facessi
	lui					
Se …	lei	________	________	capisse	________	facesse
	Lei					
	noi	________	avessimo	________	________	________
	voi	andaste	________	________	foste	faceste
	loro	________	avessero	capissero	________	________

4. Completate le frasi con i seguenti verbi.

essere | costare | parlare | vedere | vincere

dovere | fare | tenere | venire

a. Se non ________________ cominciare a lavorare alle 8, dormirei più a lungo.

b. Se loro ________________ come cucinano in quel ristorante, non ci andrebbero a mangiare.

c. Se tu ________________ questa dieta, perderesti almeno tre chili in una settimana.

d. Se voi ________________ l'inglese, trovereste più facilmente lavoro.

e. Se la vicina non ________________ il volume della radio così alto, io non mi lamenterei.

f. Se mio figlio ________________ più grande, lo manderei in vacanza da solo.

g. Se Lei non ________________ in ufficio in macchina, non avrebbe problemi di parcheggio.

h. Se la benzina non ________________ tanto, prenderei la macchina per andare al lavoro.

i. Se (io) ________________ alla lotteria, mi ritirerei a vivere in campagna.

5. Trasformate le frasi secondo il modello.

> *Non vengono perché hanno* un impegno.
> → *Se non avessero* un impegno *verrebbero.*

a. Non trovi lavoro perché non hai un diploma.

____

b. Non vado in vacanza perché non ho i soldi.

____

c. Non leggiamo perché non abbiamo tempo.

____

d. Non usciamo perché piove.

____

e. Non restano perché hanno da fare.

____

f. Non lo chiamo perché non è a casa.

____

g. Non mangia perché non ha fame.

____

h. Non vengono perché devono lavorare.

____

6. Completate le frasi.

a. Se tu mi (accompagnare) ____________________ dal dentista, mi (fare) __________ un gran favore.

b. Se (potere) __________ decidere io, non (cominciare) _______________ a lavorare prima delle nove.

c. Se (loro – offrirmi) _______________ un lavoro migliore, (essere) __________ disposto anche a trasferirmi.

d. Se (noi – guadagnare) ____________________ di più, (potere) _______________ permetterci un appartamento più grande.

e. Se (io – essere) ___________ al posto tuo, non (aspettare) _______________ tanto.

f. Se non (piovere) _____________, (io – uscire) _____________ a fare due passi.

g. Se Giulia (fare) _____________ una dieta, (perdere) _____________ qualche chilo.

h. Se (io – intendermi) __________________ di moto, ne (comprare) _______________ anche una di seconda mano.

7. Fate delle frasi secondo il modello.

lei – fare una dieta – interromperla → A che le serve fare una dieta se poi la interrompe?

a. tu – comprare una macchina – non poterla usare
b. io – studiare tanto – essere difficile trovare un lavoro
c. voi – andare a letto tardi – la mattina essere stanchi
d. Lei – lavorare tanto – essere sempre stressata
e. noi – entrare alla mostra – non esserci il tempo di vederla
f. lui – fare ginnastica – mangiare tanto
g. loro – andare in vacanza in agosto – non riposarsi
h. lei – avere tutti quei gioielli – avere paura di metterli

⇨ 9

8. Completate il testo scegliendo, fra le due possibilità offerte, quella appropriata.

(1) Se – Quando
(2) mentre – così
(3) Inoltre – Siccome
(4) invece – anziché
(5) perché – se poi
(6) infatti – cioè
(7) perché – quindi
(8) quando – mentre
(9) così – se

(1) __________ io fossi il sindaco del mio comune, per prima cosa costruirei un parco giochi in ogni quartiere, (2) __________ tutti i bambini potrebbero giocare all'aperto. (3) _____________ cambierei l'orario scolastico: le lezioni (4) _____________ cominciare alle otto, potrebbero iniziare più tardi, per esempio alle nove e mezza o alle dieci. A che serve entrare a scuola così presto, (5) __________ tutti siamo ancora mezzi addormentati? Nella mia città farei costruire inoltre una piscina in ogni scuola. Andare a nuotare (6) __________ ogni volta è un problema (7) __________ la piscina comunale è lontana e (8) __________ il maestro ci porta, ci restiamo troppo poco. E poi c'è un'ultima cosa che farei: costruirei delle piste ciclabili in tutta la città, (9) __________ tutti potrebbero andare tranquillamente in bicicletta.

9. Completate il testo.

Lavoro in un ufficio situato al centro di una grand____ città e abito ____ una zona periferica che purtroppo non è ben servita dai __________ pubblici. Ogni mattina mi reco in ufficio _____ macchina perché se ci and________ con i mezzi pubblici dovr____ prendere tre autobus e ci metterei più di un'ora. Inoltre a quell'ora i mezzi pubblici sono talmente affoll_____, che è già un miracolo riuscire ad entrarci. D'estate poi l'aria è irrespirabile. Con ____ macchina invece riesco ____ essere in centro in meno di mezz'ora. Arrivato lì però cominciano altri probl_____ perché è veramente impossibile trov_____ un parcheggio. Tutti ____ giorni ____ tocca girare per almeno venti minuti prima ____ poter lasciare la macchina da qualche parte, spesso ____ divieto ____ sosta. Se i servizi pubblici foss_____ efficienti certamente io prefer_____ lasciare a casa la macchina e venire in ufficio in autobus. Ma quelle poche volte che l'ho fatto ________ sempre arrivato in ritardo. Io penso _____ il comune dovrebbe impegnarsi a risolvere ____ problema del traffico e non solo a dare delle multe a que_____ poveri cittadini come me che non sanno ________ recarsi al lavoro. ____ si costruissero dei parcheggi sotterranei in centro, ____ gente non girer____ invano alla ricerca di un posto ________ lasciare la macchina e il traffico diminuir_____ sensibilmente.

10. Cecco Angiolieri, poeta senese contemporaneo di Dante Alighieri, ha composto questo sonetto, conosciutissimo in Italia. Il sonetto è scritto in dialetto toscano del XIII secolo.

S'i' fosse foco, ardare' 'l mondo

S'i' fosse foco, ardare' 'l mondo;
s'i' fosse vento, lo tempesterei;
s'i' fosse acqua, i' l'annegharei;
s'i' fosse Dio, mandereil' en profondo;
    s'i' fosse papa, sare' allor giocondo,
ché tutti cristiani embrigherei;
s'i' fosse 'mperator, sa' che farei?
a tutti mozzarei lo capo a tondo.
    S'i' fosse morte, andarei da mie' padre;
s'i' fosse vita, fuggirei da lui:
similemente faria da mie' madre.
    S'i' fosse Cecco, com'i' sono e fui,
torrei le donne giovani e leggiadre:
le vecchie e laide lassarei altrui.

Ricorrendo adesso al sottostante glossario, completate la traduzione in italiano moderno.

Se fossi il fuoco, ____________ il mondo;

____ ________ il vento, lo ______________;

____ ________ l'acqua, lo annegherei;

____ ________ Dio, lo farei sprofondare;

____ ________ il Papa, sarei __________,

perché _________________ tutti i cristiani;

____ ________ l'imperatore, – sai che farei? –

____________ ____ ________ a tutti.

____ ________ la morte, andrei da mio padre;

____ ________ la vita, fuggirei da lui:

____ ________ ____________ farei con mia madre.

____ ________Cecco, come sono e come sono sempre stato,

_______________ le donne giovani e belle:

e _____________ agli altri quelle vecchie e __________.

ardere – bruciare
tempestare – sconvolgere
giocondo – felice
imbrigare – imbrogliare
mozzare a tondo – tagliare
capo – testa
similemente – la stessa cosa
torre – prendere
lassare – lasciare
laido – brutto

15

11. Inserite le espressioni qui accanto nelle frasi coniugando i verbi al tempo e al modo opportuni.

a. Spero che il divieto di fumare al ristorante ____________________ ____________ il più presto possibile.

b. Quest'anno voglio prenotare in tempo; non voglio ______________ ____________________ di non trovare più posto come lo scorso anno.

c. Vai piano, qui la polizia ______________________________, non è come da noi dove sono sempre disposti a chiudere un occhio.

d. Pensa, ero arrivato a pesare 90 chili, così ho dovuto ____________ ______________________ e ho cominciato una dieta rigorosa.

e. Davanti al rischio di uno sciopero generale il governo ______________ ____________________ e ha dovuto ritirare il provvedimento.

ritrovarsi con le spalle al muro
correre ai ripari
entrare in vigore
correre il rischio
fare sul serio

12. Completate lo schema con il sostantivo o l'aggettivo corrispondente.

comune	____________
____________	allarmante
settimana	____________
____________	mensile
inverno	____________
____________	estivo
popolo	____________
____________	inquinato / inquinante
esperimento	____________
____________	velenoso
ambiente	____________
____________	rischioso

17

13. Alberto esagera sempre, così se legge un libro noioso dice: «È il libro più noioso che abbia mai letto». Che cosa dice allora se ...

a. vede un bel film?

____

b. dorme in un albergo elegante?

____

c. fa un viaggio interessante?

____

d. esce con una bella ragazza?

____

e. assiste a una bella partita di calcio?

____

f. vede una commedia divertente?

____

18

14. Trasformate le frasi secondo il modello.

Sono stata dal parrucchiere *e poi* ho fatto la spesa. → *Dopo essere stata* dal parruchiere, ho fatto la spesa.

a. Ho scopato i pavimenti e poi ho passato lo straccio.
b. Ha lavorato per tanti anni in una ditta e poi si è messo in proprio.
c. Ha cenato e poi ha lavato i piatti.
d. È arrivata a casa e poi ha fatto una bella doccia.
e. Abbiamo fatto ginnastica e poi siamo andati a fare la sauna.
f. Si sono fermati a Cortona e poi hanno proseguito per Firenze.
g. Abbiamo battuto i tappeti e poi abbiamo spolverato i mobili.
h. Ho parcheggiato la macchina e poi sono andata a fare la spesa.
i. Ho bevuto un bicchiere di quel vino e poi ha cominciato a girarmi la testa.

Ancora segui le diete?

➪ 1

1. Completate le frasi con i verbi sottostanti e cercate di capire, in base alle descrizioni qui sotto, quale potrebbe essere il segno zodiacale di Giorgio, Anna, Silvio, Mauro, Rita e Federica.

avere – badare – fare – farsi – lasciare – pretendere – sopportare – trattarsi

a. Giorgio è ordinatissimo: non ____________ briciole e non ____________ tracce in cucina.

b. Anna quando va al mercato non __________ a spese e compra sempre prodotti di prima qualità.

c. Silvio digerisce anche i cibi più pesanti: _______ veramente uno stomaco di ferro.

d. Mauro in cucina ____________ il meglio e ____________ da re.

e. Rita non ____________ gli sprechi, conserva tutto e non butta via niente.

f. Federica in cucina è un disastro: riesce appena a ____________ due uova al tegamino.

➪ 2

2. Trasformate le frasi usando il verbo *occorrere* al posto di *avere bisogno*. Aggiungete anche i pronomi necessari.

a. Non credo che abbiate bisogno di molto per finire questo lavoro.

____

b. Scusa Mario, se io avessi bisogno di una mano per il trasloco, potrei telefonarti questo fine settimana?

____

c. Mario non ha bisogno di molto per vivere.

____

d. Ha detto il meccanico che ha bisogno ancora di qualche giorno per finire il lavoro.

____

e. Ernesto e Alfredo lavorano come rappresentanti, è chiaro che hanno bisogno della macchina per spostarsi.

____

f. Ho bisogno di un foglio di carta, di una busta e di un francobollo da L. 1000.

____

5

3. Completate le frasi con i verbi al futuro semplice e anteriore.

a. La macchina (io-comprartela) ____________________ solo quando (tu-laurearti) ________________________.

b. Quando (Lei-dimostrarmi) ________________________ di conoscere bene il lavoro, (io-darLe) __________ un aumento di stipendio.

c. Questo libro (io-dartelo) ________________ solo quando (tu-restituirmi) ________________________ i libri che ti ho già prestato.

d. (Noi-potere) ____________ partire, appena (io-riparare) ________ ____________ la macchina.

e. Lei (potere) __________ andare in ferie quando il Suo collega (ritornare) ___________________.

f. (Io-tradurre) _____________ la lettera appena (battere) __________ ________ a macchina questa relazione.

g. Appena (io-andare) __________________ in pensione, (riposarmi) _______________.

h. (Tu-potere) __________ usare il registratore, appena (io-trovare) __________________ il guasto.

4. Trasformate le frasi secondo il modello.

> *Prima di comprare* un nuovo stereo, *dovrò mettere da parte* un po' di soldi.
> → *Potrò comprare* un nuovo stereo *dopo che avrò messo da parte* un po' di soldi.

a. Prima di indossare quel vestito dovrai perdere almeno cinque chili.
b. Prima di comprare la moto Franco dovrà prendere la patente.
c. Prima di partecipare al congresso i soci dovranno pagare una quota.
d. Prima di riprendere gli studi Paolo dovrà riposarsi un po'.
e. Prima di accettare quel lavoro dovrò riflettere bene.
f. Prima di frequentare il corso gli studenti dovranno fare un test.

(➪ 6)

5. In italiano esistono molte espressioni con il verbo *fare*, come per esempio *fare una dieta, fare amicizia, fare colazione, fare il bagno, fare due chiacchiere*. Inserite nelle seguenti frasi il verbo *fare* al tempo e al modo opportuni e scrivete poi accanto alla forma italiana l'espressione corrispondente nella vostra lingua.

a. Prego, signora, si serva pure, non ________ complimenti!	fare complimenti	____________
b. Se tornate a casa tardi, ________ piano, altrimenti il bambino si sveglia.	fare piano	____________
c. Prendendo questa strada si ________ prima, perché c'è meno traffico.	fare prima	____________
d. Sbrigati, altrimenti ________ tardi come ieri!	fare tardi	____________
e. Dovremmo ________ visita alla signora Danzi. Lei è venuta a trovarci già diverse volte e noi non siamo mai stati a casa sua.	fare visita	____________
f. Luigi dice che Mario l'ha fatto cadere mentre giocavano a calcio, ma io non credo che lui l' ____________ apposta.	farlo apposta	____________
g. Prima di prendere la metropolitana bisogna ________ il biglietto.	fare il biglietto	____________
h. Quando si telefona da un telefono pubblico, prima si inserisce la scheda telefonica e poi si _____ il numero.	fare il numero	____________
i. Senta, per favore, mi ________ il pieno e mi controlli anche l'olio e la pressione delle gomme!	fare il pieno	____________
j. Scusa il ritardo, ma dovevo ________ un telegramma e alla posta c'era molta gente e	fare un telegramma	____________
così ho dovuto ______ anche la coda.	fare la coda	____________
k. Stanotte mi sono svegliato all'improvviso perchè ____________ un brutto sogno.	fare un sogno	____________

6. Il seguente brano è tratto da *L'autunno della signora Waal* di Nico Orengo. La signora Waal è un'olandese che vive da parecchio tempo a Mentone. Leggete il testo e indicate se le successive affermazioni sono vere o false.

Violante sta correndo in tuta rossa, aderente. Viene su dall'Aurelia. Vede la signora Waal affacciata alla finestra. Alza un braccio, la saluta. Le grida: – Vengo a prendere un bicchiere d'acqua a fine corsa.

Da un mese, tutti i tardi pomeriggi Violante arriva, accaldata, senza fiato, dalla signora Waal.

Ha deciso di dimagrire. Corre e va in palestra. Corre tutti i giorni e va in palestra due volte la settimana.

– Voglio sentirmi nuovamente in possesso del mio corpo. Come quando ero ragazza.

Violante ha trentacinque anni, un corpo che alla signora Waal non sembra assolutamente grasso e bisognoso di essere sottoposto a sforzi.

– Questa ginnastica mi fa bene. Elimino le tossine. Mi sento leggera, come una macchina che funziona.

Violante si lascia scivolare su di una sdraio.

Dice: - Yogurt e frutta. Niente pane. Niente pasta. Ho detto a mio marito che è così. Se vuole se la fa per sé. Ma non me la mangi davanti. Altrimenti vada al ristorante. Ne ho bisogno, sento che ne ho bisogno. Il tempo è quello che è: poi arrivano i quaranta, i cinquanta. E addio. Oh scusi, signora Waal.

– Li ho passati da un pezzo, – dice la signora Waal, – ormai il tempo può farmi un effetto solo decisivo.

– Non dica così. Lei è bellissima, per la sua età.

La signora Waal sorride. Le offre un bicchiere d'acqua. Ci ha lasciato scivolare una foglia di menta.

– Spero che non rovini la tua dieta.

Vero o falso?	**v**	**f**
a. Violante fa jogging da tanto tempo.	❑	❑
b. Violante corre perchè pensa di essere grassa.	❑	❑
c. La signora Waal pensa che a Violante faccia bene perdere qualche chilo.	❑	❑
d. Violante sta seguendo una dieta rigorosa.	❑	❑
e. Il marito di Violante ha deciso di seguire una dieta.	❑	❑
f. La signora Waal è una donna anziana.	❑	❑

⇨ 12

7. In Italia è tradizione che a Natale i bambini scrivano a scuola una lettera diretta ai genitori con i buoni propositi per il nuovo anno. Ecco qui sotto le promesse del piccolo Nicola.

In occasione del Santo Natale voglio ringraziarvi per tutto quello che ogni giorno fate per me e voglio farvi alcune promesse per l'anno nuovo.
Vi prometto che quest'anno sarò più studioso e che porterò a casa sempre dei bellissimi voti. Sarò anche più ubbidiente, non farò i capricci per non andare a letto, non litigherò più con mia sorella e a tavola mangerò tutto. Non starò tutto il pomeriggio davanti al televisore e non giocherò a palla dentro casa. Sarò anche più gentile con il nonno e non farò più scherzi alla nonna che soffre di cuore. Anche con il gatto sarò più buono: non gli farò più il bagno e non gli taglierò più i baffi. Vedrete insomma che quest'anno sarò proprio un bravo bambino.
Vostro figlio Nicola

Naturalmente Nicola non mantiene nessuna delle promesse fatte.
Scrivete allora adesso, secondo l'esempio, i rimproveri della mamma.

Avevi promesso che quest'anno <u>saresti stato</u> più studioso e che <u>avresti portato</u> a casa dei bellissimi voti. Avevi anche promesso che ________________ più ubbidiente, che non ________________ i capricci per non andare a letto, che non ________________ più con tua sorella e che a tavola ________________ tutto. Avevi promesso ancora che non ________________ tutto il pomeriggio davanti al televisore e non ________________ a palla dentro casa. Avevi anche detto che ________________ più gentile con il nonno e non ________________ più scherzi alla nonna. Avevi promesso che anche con il gatto ________________ più buono: che non gli ________________ più il bagno e non gli ________________ più i baffi. Insomma ci avevi promesso che quest'anno ________________ un bravo bambino e invece sei il solito discolo.

8. Completate le frasi con i verbi al condizionale passato.

a. Il signor Paoli ha detto che (prendere) ____________________ parte alla riunione, ma poi non si è fatto vivo.

b. L'ultima volta che gli ho parlato, mio cugino mi ha assicurato che, in caso di bisogno, lui ci (aiutare) ____________________ .

c. Paolo mi aveva promesso che (trattare) ____________________ bene il libro che gli avevo prestato e invece me l'ha reso pieno di orecchiette.

d. Non capisco perchè non siano ancora arrivati. Mi avevano detto che oggi (venire) ______________________ a farmi visita.

e. Te l'avevo detto che anche stasera Carlo (arrivare) ____________________ in ritardo!

f. L' ultima volta che li ho visti Franco e Giulia mi avevano detto che (sposarsi) ________________________ entro la fine dell'anno e che (fare) _________________ una grande festa.

g. Guarda che caos, Giulia! Mi avevi promesso che dopo la festa (mettere) _________________ in ordine il soggiorno e che oggi tutto (essere) _________________ a posto come prima.

h. Avevi promesso che (comprare) ______________________ delle nuove tende, e invece abbiamo ancora questi vecchi stracci.

⇨ 14

9. Per ciascun aggettivo contenuto nel primo riquadro cercate il corrispondente contrario nel secondo.

a. magro
b. sedentario
c. principale
d. notturno
e. faticoso
f. pessimo
g. negativo
h. cotto

riposante (1)
positivo (2)
attivo (3)
grasso (4)
secondario (5)
diurno (6)
crudo (7)
ottimo (8)

(⇨ 16) **10. Ecco le prescrizioni del medico per chi, durante il soggiorno nell'albergo Bellavista, voglia veramente rimettersi in forma. Completate il testo con i verbi al futuro.**

Chi (volere) __________ ritrovare forma ed energia non (alzarsi) _____________ tardi, ma alle prime ore dell'alba e, dopo una doccia, (uscire) __________ per fare una passeggiata di mezz'ora nel bosco. A colazione non (prendere) _____________ il solito caffè ma (fare) ________ un pasto completo a base soprattutto di frutta e latte. (Trascorrere) _______________ la mattina facendo ancora del movimento o leggendo un testo rilassante. Dopo un pranzo leggero senza troppi grassi, (schiacciare) _______________ un pisolino di un'ora; poi (uscire) __________ ancora e al ritorno (fare) ________ un tuffo in piscina. Nel tardo pomeriggio una partita a tennis o un giro in bicicletta gli (regalare) _____________ l'appetito necessario per la cena che (essere) ________ soprattutto a base di verdure cotte e crude. Dopo la cena (distendersi) __________________ con una buona lettura o un bel film. (Andare) __________ a letto non troppo tardi per ricominciare il giorno dopo tranquillo e riposato.

Emilia Romagna: la Terra delle Terme.

Benessere e salute tra monti, colline e mare

Aerosol, inalazioni, nebulizzazioni, cure per la sordità

Terapie di riabilitazione motoria e respiratoria

Massaggi, fitness, cura del corpo

Piscina termale, percosi vascolari e idromassaggi

11. Nel testo a pagina 124 del manuale compaiono tre congiuntivi. Cercateli e trascrivete qui sotto le espressioni dalle quali dipendono. Inserite poi tali espressioni nelle frasi che seguono e coniugate al congiuntivo i verbi fra parentesi.

____________________ ____________________ ____________________

a. Sai cosa fa Tommaso? Quando torna a casa tardi si toglie le scarpe ____________________________________ la madre lo (sentire) __________ .

b. ____________________________________ qualche volta (fare) __________ freddo , ma di solito l'inverno a Roma è piuttosto mite.

c. Marco ha passato tutta l'estate in giro per l'Europa. Ha dormito nei migliori alberghi, ha mangiato nei ristoranti più chic. __________________ ____________________ (rimanere) _______________ senza una lira.

d. ____________________________________ il bambino (svegliarsi) _____________ , la sera stacco sempre il telefono.

e. Riccardo ha una bellissima bicicletta da corsa, ma non la prende quasi mai ____________________________________ qualcuno gliela (rubare) __________ .

f. ____________________________________ ogni tanto io (partire) __________ per lavoro, ma in genere svolgo il mio lavoro in ufficio.

g. La madre di Giorgio è francese, il padre è tedesco, lui è cresciuto in Italia. ____________________________________ lui (parlare) __________ perfettamente tre lingue.

h. Di solito non c'è molto da fare, però a volte _________________________ _____________ (esserci) __________ molto lavoro, in genere all'inizio dell'anno.

i. Lo hai provocato tutta la sera con i tuoi stupidi scherzi ____________________________________ alla fine lui (offendersi) ____________________.

12. Leggete il seguente testo.

DIETA CONTINUA

Dissociata, del fantino, dieta punti ... lei le ha fatte tutte. Conosce a memoria l'enciclopedia medica alla pagina delle tabelle caloriche e giura che riesce a sentire l'istante preciso in cui quella caloria in più si trasforma in una molecola di grasso. Ogni volta è una fitta al cuore. Perchè lei ha un solo grande nemico da combattere: l'adipe. Orrore. Per un rotolino di ciccia farebbe di tutto, nessuna dieta è troppo strampalata per lei: neanche quella delle banane a volontà, o dei sei fagioli un pasto sì e uno no. (...)

Mettersi a dieta è un po' come entrare in convento: ci vuole la vocazione. Perché non è facile resistere alle tentazioni. Mai un babà al rum, mai una doppia porzione di lasagne ... invitarla a una spaghettata di mezzanotte può avere lo stesso effetto di una proposta oscena. La carne è debole? E lei compra solo light. (...)

Lei sì che può dire con orgoglio di essersi fatta da sola. Per conquistare la taglia 42 ne ha fatti di sacrifici. E ora non può mica rischiare di sforare sul budget settimanale di calorie. Anche al ristorante tira sempre fuori la calcolatrice per conteggiare le calorie del risotto ai funghi, per sottrarle alla dieta del prossimo semestre. Triste la vita quando il metabolismo non collabora! La sua cucina sembra un laboratorio della Nasa: bilancia elettronica, centrifuga, calcolatrice e una pila di libri di ricette dimagranti. (...)

Ma anche per un'oltranzista come lei a volte la dieta non basta. Allora via con la cyclette, massaggi, liposuzione, saune, bagni di ozono. Ma come farà mai a ingrassare una che sta sempre a dieta? Che siano i gianduiotti che divora tre per volta quando nessuno la vede?

In che ordine appaiono nel testo le seguenti affermazioni?

_____. Lei per dimagrire non si limita soltanto a seguire delle diete.

_____. Non la si deve mai invitare a un pasto fuori orario.

_____. Lei ha faticato moltissimo per potersi mettere vestiti di una misura molto piccola.

_____. Lei quando è sola mangia un cioccolatino dopo l'altro.

_____. A lei nessuna dieta sembra strana.

13. Fra le due possibilità offerte, scegliete quella adeguata.

(Ho/Sono) ________ 20 anni, sono alta un metro e 53 e ho un grande problema: peso già 65 chili. Ho già provato (diverse/qualche) __________ diete, ma ogni volta (sono/ho) ________ riuscita a perdere solo qualche etto, perché un paio di giorni (dopo/quando) __________ aver iniziato la dieta, vengo colta (per/da) _____ una fame terribile e (quindi/perché) __________ la interrompo. (Da/Di) _____ alcuni mesi non ho neanche più voglia di uscire perchè mi vergogno. Le mie amiche (infatti/perciò) __________ sono tutte belle e snelle (quando/anche se) __________ mangiano di tutto ed io invece sono l'unica che alla mia (età/taglia) _______ mi ritrovo con tutti questi chili di troppo. Io (cioè/mica) _____ pretenderei di essere snella come loro, (però/anzi) _____ mi piacerebbe potermi vestire alla moda e invece mi tocca mettermi sempre dei vestiti larghi. Non ci sarebbe un modo (per/con) _____ poter dimagrire senza dover fare troppi sacrifici e soprattutto senza (fare/morire) __________ di fame?

L'importante è che si sposi!

⇨ 1

1. Inserite i seguenti sostantivi nella sottostante lettera.

abito – bouquet – carrozza – cerimonia – fedi – invitati
partecipazioni – ricevimento – bomboniere – viaggio di nozze

Cara Anna,
peccato che tu non sia potuta venire al matrimonio di Teodoro e Maddalena. La ____________ è stata splendida. La chiesa era addobbata alla perfezione ed era piena di ____________. Pensa che soltanto la famiglia di Teodoro ha spedito più di cento ____________. Gli sposi poi erano elegantissimi: lei in un magnifico ____________ bianco, lui in un tight impeccabile. Dopo lo scambio delle ____________ e il lancio del riso fuori dalla chiesa, (Maddalena ha anche lanciato il ____________ che io purtroppo non sono riuscita a prendere) ci siamo diretti tutti nella villa che i genitori di Maddalena avevano preso in affitto per il ____________. Avresti dovuto vedere che spettacolo: noi tutti in macchina dietro la ____________ degli sposi tirata da due cavalli bianchi. È inutile che ti dica che il pranzo è stato squisito, e che è durato fino a sera. Alla fine gli sposi sono passati tra i tavoli distribuendo le ____________ (bellissime! tutte in argento). Erano stanchissimi poverini; ma avranno modo di riposarsi: proprio ieri mattina sono partiti in ____________. Due settimane ai Caraibi. Beati loro!

(➪ 2)

2. Fate delle frasi secondo il modello.

fissare la data del matrimonio con un certo anticipo → La data del matrimonio *va fissata* con un certo anticipo.

a. tenere la casa pulita

____

b. far controllare i freni con frequenza

____

c. controllare le gomme della moto ogni 1000 chilometri

____

d. mettere le poltrone in salotto

____

e. sciogliere le compresse in un bicchier d'acqua

____

f. riempire questo modulo in caratteri stampatello

____

g. lavare a secco questa giacca

____

h. spedire queste lettere per via aerea

____

i. rifare da capo tutto il lavoro

____

j. girare le pagine con delicatezza

____

3. Completate il testo con *dovere essere* o *andare*.

Un caffè come quello del bar
Volete offrire ai vostri ospiti un caffè cremoso come quello del bar?
Seguite le indicazioni.

Preparate un normale caffè, naturalmente con la macchinetta espresso; ma attenzione il caffè non ______________ fatto uscire tutto. Il primo caffè, quello più denso, ______________ messo in una tazzina e ad esso ______________ aggiunti tanti cucchiaini di zucchero quante sono le tazzine che volete servire. Caffè e zucchero ______________ poi mescolati fino ad ottenere una sorta di crema, un cucchiaio della quale ______________ messo in ogni tazzina. Aggiungete adesso il restante caffè e otterrete un espresso come quello del bar.

4. Leggete il seguente articolo e svolgete poi il successivo esercizio.

"Abito scandaloso" Il vescovo contro le nozze-spettacolo

CASERTA - Il matrimonio in tailleur non era certo il suo genere. Il traffico è andato in tilt, la gente si è radunata a frotte per strada e Caserta si è fermata per veder passare la sposa-fenomeno: nozze da guinnes per Maria Rosaria Lembo, una giovane procuratrice legale casertana di 25 anni, che per il giorno del sì ha deciso di esagerare sul serio, indossando il vestito «più pesante del mondo». E ha fatto arrabbiare il vescovo.

Duecentodiciotto chili di tulle e seta, per un diametro di 13 metri che, per essere trasportati, hanno richiesto un trattore trainato da una jeep. Cosi, collocata al centro dell'enorme gonna, Maria Rosaria ha attraversato la via principale di Caserta, chiusa, per ordine del sindaco, per tutto il tempo della cerimonia. Mora, occhi a mandorla, capelli lunghissimi, Maria Rosaria ha sposato un rappresentante di commercio, anche lui casertano, che, per non essere da meno, sull'altare ha indossato un completo blu cobalto con cravatta a disegni fantasia azzurri. Dopo il sì, liberatasi del pesante fardello, Maria Rosaria è partita per Faicchio, in provincia di Benevento dove si è svolto il ricevimento con centinaia di invitati.

L'eccentrica cerimonia è sembrata un inutile e poco cristiano sfarzo al vescovo di Caserta, Raffaele Nogaro, che ha avuto parole aspre per le nozze-spettacolo. «Da tempo - ha detto – avevo dato disposizioni in tutte le parrocchie della diocesi di non consentire cose scandalose come quella».

«Non era affato mia intenzione fare una cosa sgradita al vescovo – risponde Maria Rosaria, in partenza per la luna di miele in Polinesia - sono molto dispiaciuta. Appena torneremo, andremo a trovare monsignor Nogaro per chiarire le nostre vere intenzioni. Sono cattolica e credo molto nel matrimonio». «Non ci vedo niente di scandaloso - replica l'autore del vestito, Gianni Molaro - il vescovo sapeva tutto e avrebbe potuto impedirlo. L'idea è nata nel mio atelier; a Maria Rosaria l'abito, visto su una rivista, era piaciuto molto, e io non potevo fare a meno di accontentarla».

L'unico problema, dice la gente, è di carattere superstizioso: la tradizione vuole che lo sposo non conosca l'abito prima delle nozze. Ma un vestito così come si fa a non vederlo?

(da *La Repubblica*, 16/10/1994)

Vero o falso? | **v** | **f**

	v	f
a. Il parroco sapeva che il vescovo era contrario alle nozze-spettacolo.	❑	❑
b. Maria Rosa ha indossato l'abito da sposa anche durante il ricevimento.	❑	❑
c. Dopo la cerimonia gli sposi sono andati dal vescovo per giustificarsi.	❑	❑
d. L'abito da sposa è una creazione originale di Gianni Molaro.	❑	❑

(➪ 6)

5. Fate delle frasi secondo il modello.

> È importante sposarsi / sua figlia
> → L'importante è che sua figlia si sposi.

a. È importante scrivergli / voi

____

b. È importante non perdere il lavoro / Mario

____

c. È importante scegliere bene / loro

____

d. È importante seguire tutto il corso / io

____

e. È importante superare l'esame / mia figlia

____

f. È importante venire stasera / tu

____

g. È importante trovare casa / noi

____

h. È importante stare bene / tu

____

(➪ 8)

6. Formate delle frasi secondo il modello.

> soldi / io / spendere
> → Sono soldi che avrei speso molto volentieri.
> ristorante / noi / mangiare
> → È un ristorante in cui avremmo mangiato volentieri.

a. film / noi / vedere

____

____

b. persone / loro / conoscere

____

____

c. posto / tu / trascorrere le vacanze

____

____

d. libri / io / leggere

____

____

e. società / Lei / lavorare

____

____

f. appartamento/ voi / abitare

____

____

⇨ 14

7. Completate la tabella.

	io	tu	lui, lei, Lei	noi	voi	loro
andare	______	andasti	______	______	andaste	andarono
pagare	pagai	______	pagò	pagammo	______	______
potere	potei	______	poté	______	poteste	______
vendere	______	vendesti	______	vendemmo	______	venderono
sentire	sentii	______	sentì	sentimmo	______	______
capire	______	capisti	______	______	capiste	capirono

8. Completate le frasi con i verbi al passato remoto e cercate poi di indovinare di chi si parla.

a. (Partire) ________ per la Cina nel 1271.	Giacomo Casanova
b. (Scoprire) ________ l'America nel 1492.	Guglielmo Marconi
c. (Andare) ________ sulla luna nel 1969.	Marco Polo
d. Nella sua vita (amare) ________ tante donne.	Cristoforo Colombo
e. Una volta (parlare) ________ agli uccelli.	Neil Armstrong
f. (Morire) ________ a S. Elena nel 1821.	Giuseppe Garibaldi
g. (Combattere) _____________ per unificare l'Italia.	S. Francesco
h. (Inventare) __________ la radio.	Napoleone

Guglielmo Marconi

Giuseppe Garibaldi

9. Inserite le forme verbali al posto giusto.

proponesti furono proposero ebbe
fu foste
stette fosti nacque ebbi stesti
facesti facemmo
nacquero avemmo aveste stettero nascesti fecero nascemmo
traducemmo steste scriveste scrisse traducesti
feci
scrissi propose proponeste tradussi
tradussero scrivemmo

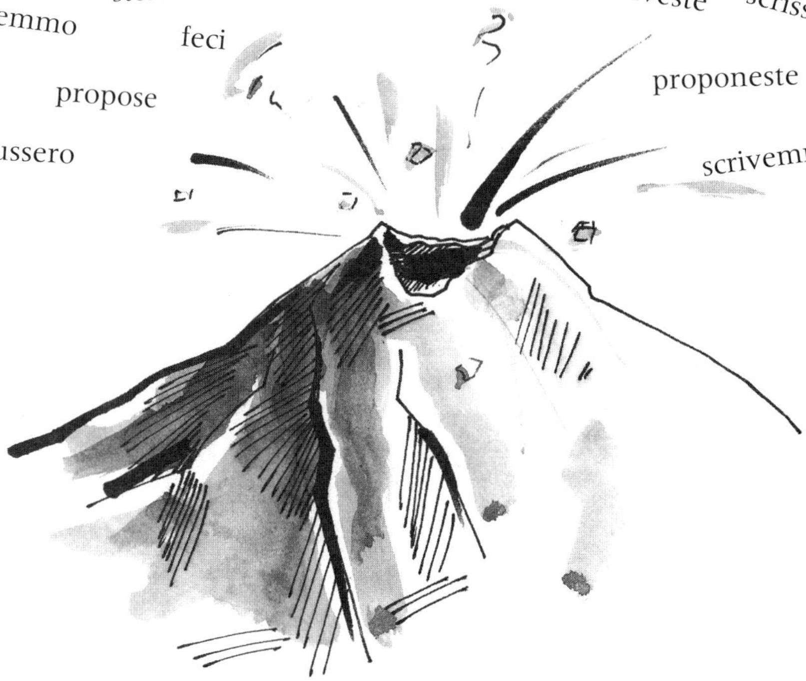

	io	tu	lui, lei, Lei	noi	voi	loro
essere	fui			fummo		
avere		avesti				ebbero
fare			fece		faceste	
stare	stetti			stemmo		
nascere	nacqui				nasceste	
scrivere		scrivesti				scrissero
tradurre			tradusse		traduceste	
proporre	proposi			proponemmo		

10. Completate la biografia di Dante Alighieri inserendo i verbi al posto giusto.

- entrò
- era
- cominciò
- nacque

Dante Alighieri ____________ a Firenze nel 1265 da Alighiero e da donna Bella. La famiglia ____________ di modeste condizioni economiche, ma nobile di origine. Nel 1283____________ a far parte della scuola del «Dolce Stil Novo» e ____________ a scrivere dei sonetti per una ragazza di nome Beatrice.

- si sposò
- fu
- cominciò
- riprese
- avvenne
- ebbe
- si dedicò
- scrisse

Dopo la morte di Beatrice, che ____________ nel 1290, il poeta ____________ un'opera in parte in versi e in parte in prosa, *La vita nova*. Per Dante ____________ a questo punto un periodo nuovo nella sua vita: ____________ gli studi, ____________ con Gemma di Manetto Donati, da cui ____________ tre figli, e ____________ anche alla politica ricoprendo anche alte cariche. Nel 1301 ____________ accusato ingiustamente e, più tardi, condannato addirittura ad essere bruciato vivo.

- andò
- fu
- seguirono
- continuò
- si ammalò
- ritornò
- cominciò
- rimase
- passò
- morì

Durante gli anni seguenti ____________ un periodo a Verona, poi ____________ in Casentino e in Lunigiana. In questi anni, forse nel 1307, ____________ a scrivere la sua opera più famosa, *La Divina Commedia*. Negli anni che ____________ Dante ____________ a spostarsi da una città all'altra, ____________ a Verona, dove ____________ presso Cangrande della Scala, poi a Ravenna e a Venezia. Al ritorno da questa città ____________. ____________ nella notte fra il 13 e il 14 settembre del 1321. Il suo corpo ____________ seppellito a Ravenna nella chiesa di S. Francesco.

11. Di quale musicista si tratta? Indovinatelo dopo aver completato la seguente biografia con i verbi al passato remoto.

(Nascere) ________ a Le Roncole, vicino a Parma, nel 1813 e (cominciare) ______________ a studiare musica con l'organista del suo paese. Da giovane (tentare) ________ senza successo l'esame per entrare al Conservatorio di Milano. Il successo (arrivare) __________ con *Il Nabucco*, un'opera che (essere) _____ rappresentata per la prima volta alla Scala di Milano nel 1842. Tutti i principali teatri intanto richiedevano le sue composizioni, così (dovere) __________ scrivere un'opera dopo l'altra. Il suo nome (essere) _____ a lungo associato al Risorgimento come quello di un «artista della rivoluzione». Il 1871 (segnare) ________ un altro trionfo: la rappresentazione dell'*Aida*, che gli (essere) _____ commissionata per l'apertura del Teatro Italiano del Cairo. Dopo quest'opera (scrivere) ________ sempre più raramente. In seguito (ritirarsi) __________ nella sua villa di S. Agata, vicino a Busseto. Lì (nascere) ________ una *Messa da Requiem* ed infine il *Falstaff* che (essere) ______ la sua ultima opera. Poichè non aveva figli, (decidere) ________ di lasciare in eredità tutti i suoi beni ai musicisti e ai cantanti bisognosi e (fare) _______ costruire per essi una casa di riposo a Milano, città in cui (morire) _______ nel 1901.

(⇨ 16)

12. Trasformate le frasi secondo il modello.

	Ho lavorato tutto il giorno, *per questo* sono stanchissimo.
→	*Avendo lavorato* tutto il giorno, sono stanchissimo.
	Non *conoscevo* nessuno alla festa, *per questo* mi sono annoiato.
→	Non *conoscendo* nessuno alla festa, mi sono annoiato.

a. Mangiavo sempre troppi grassi e poca frutta, per questo non stavo bene.

____

b. Avevamo parlato con Giorgio, per questo sapevamo già tutto.

____

c. Dormivo poco ogni notte, per questo ero sempre stanco.

____

d. Sono stati due anni in Francia, per questo parlano bene il francese.

____

e. Siamo tornati a casa troppo tardi, per questo non vi abbiamo telefonato.

____

f. Ero malato, per questo sono rimasto a casa.

____

g. Parla perfettamente tre lingue, per questo non avrà difficoltà a trovare lavoro.

____

h. Non riesce mai a raggiungere i suoi scopi, per questo è sempre scontento.

____

⇨ 17

13. Conoscete l'Italia? Scopritelo con il seguente test. Segnate con una crocetta la vostra opinione. Leggete poi il rapporto Censis sulla situazione sociale in Italia pubblicato alla fine del '94.

	sì	**no**
a. Il consumo di alcune medicine, per esempio dei tranquillanti, in dieci anni è quasi raddoppiato.	❑	❑
b. Gli italiani sono grandi risparmiatori.	❑	❑
c. Un terzo degli italiani ha un sistema di allarme in casa o in macchina.	❑	❑
d. Gli imprenditori italiani non vedono bene le donne in posizioni di responsabilità nelle aziende.	❑	❑
e. Gli italiani sono in genere bravi cattolici.	❑	❑
f. Più del 90% della popolazione italiana pensa che senza figli non si possa essere felici.	❑	❑
g. Per l'italiano medio la qualità del lavoro è più importante dei soldi che potrebbe guadagnare.	❑	❑
h. In Italia per essere sempre più competitivi è necessario fare dei corsi di riqualificazione professionale.	❑	❑
i. Tre settimane prima delle elezioni quasi un terzo degli italiani non sa ancora per quale partito votare.	❑	❑

Il «Paese che cambia» nel rapporto Censis

Italia intontita, italiani voyeurs

SALUTE

Un popolo di ipertesi

Siamo così a giudicare dal consumo di tranquillanti e sedativi che sono stati venduti in 81 milioni 537 mila confezioni. Il consumo di stupefacenti «legali» è raddoppiato rispetto al '78, quando furono venduti 44 milioni e 600 mila pezzi.

SESSO

La chiesa perde autorità

La maggioranza degli italiani gradisce poco l'intervento della Chiesa cattolica su questioni di etica familiare e sessuale. Il 54,1 per cento si dichiara contrario alle prese di posizione del Vaticano e il 57,6 per cento dice di non ascoltare comunque gli insegnamenti cattolici. Tuttavia, malgrado la crescita zero, il 93 per cento è convinto che senza figli non si può essere felici e il 98 sostiene che fare il genitore è una delle più grandi soddisfazioni della vita.

CONSUMI

Ecco le cicale

Crescono i consumi e cala la voglia di risparmio. Ad attirare gli italiani non sono più i prodotti «firmati», ma quelli che tutelano la vita individuale e familiare. Cresce anche la spesa contro la microcriminalità: un terzo degli italiani dispone di un antifurto-auto e di una porta blindata.

VALORI

Muore il Fantozzi

La carriera, i soldi, la macchina nuova: sono valori superati. Per il lavoratore italiano quello che conta ora è la gratificazione professionale, la qualità dell'ambiente di lavoro, il tempo libero.

LAVORO

Addio posto fisso

L'epoca del posto fisso è al tramonto. E la chiave per poter essere competitivi nel nuovo mercato del lavoro è sempre più quella della formazione: prima, per trovarlo; dopo, per cambiare e riqualificarsi.

DONNA

Più flessibile

Fortunati gli imprenditori che hanno dipendenti donne, soprattutto se in posizioni di responsabilità: le signore sono infatti disponibili all'innovazione, alla flessibilità e alla crescita professionale. A riconoscere queste qualità sono gli stessi imprenditori italiani intervistati dal Censis.

POLITICA

Senza identità

Il 48,7 per cento degli elettori dichiara di non avere un' identità politica ben precisa e di decidere il proprio voto di volta in volta; il 20,7 per cento dice di aver mutato drasticamente la propria posizione negli ultimi due o tre anni e il 29,2 per cento sono gli elettori che hanno cambiato opinione nelle tre settimane prima del voto.

(da *La Stampa*, 3/12/94, ridotto)

LEZIONE 11

C'è stato un furto

➪ 2

1. *Di fronte a* o *per*?

> Ladri sì, ma con un cuore che si è intenerito *di fronte alla* disperazione di un bambino che *per* il dolore non mangiava più.

a. ______________ tanto dolore non è possibile non commuoversi.

b. ______________ l'aiuto che mi ha dato gli sarò grato tutta la vita.

c. ______________ la paura dell'esame gli è venuta la febbre.

d. ______________ l'amicizia che ho per tuo padre questa volta non farò niente.

e. ______________ una simile arroganza non si può fare niente.

f. ______________ la tua pazienza meriteresti un premio.

g. ______________ un rifiuto così fermo non potevo insistere.

➪ 3

2. Completate le frasi con i verbi al congiuntivo imperfetto.

a. Complimenti, non sapevo che (tu – parlare) ____________ così bene il tedesco.

b. Finalmente! Temevo che (voi) non (arrivare) ____________ più.

c. Speravo che Lei mi (aiutare) ____________ . Ma credo che dovrò fare da solo.

d. Vai già via? Peccato. Speravo che (tu – restare) _________ ancora un po'.

e. È stata davvero una bella festa. Non immaginavo che i Rossi (conoscere) ________________ tanta gente.

f. Renata sperava che (io accompagnarla) ______________________ a casa. Io invece le ho chiamato un taxi.

g. Oh, scusate. Non sapevo che (avere) _________ ospiti.

h. Speravo che (loro – venirmi) _________________ un po' incontro con il prezzo e invece non hanno voluto farmi il minimo sconto.

3. Osservate gli esempi e poi completate le frasi con *per* + infinito o con *perché* + congiuntivo.

I genitori hanno lanciato un accorato appello *per riavere* Ugolino. I genitori hanno lanciato un accorato appello *perché* i ladri *restituissero* Ugolino.

a. Ho fatto di tutto ________ (uscire) ______________ con Maria.

b. Ho fatto di tutto ________ Maria (uscire) ______________ con me.

c. Ha voluto vedermi ________ (sapere) ______________ da me la verità.

d. Ha voluto vedermi ________ io (raccontargli) __________________ la verità.

e. Ci aveva pagato il viaggio in prima classe ________ (farci) __________ viaggiare più comodi.

f. Ci aveva pagato il viaggio in prima classe ________ noi (viaggiare) ____________________ più comodi.

g. L'ho invitata ________ (mostrarle) ______________ la mia collezione di stampe cinesi.

h. L'ho invitata ________ lei (vedere) ______________ la mia collezione di stampe cinesi.

4. Imperfetto indicativo o congiuntivo?

a. Ti ho regalato il libro perché tu lo (leggere) __________.

b. Non ho comprato quel libro perché (costare) __________ troppo.

c. Sono andato via dalla festa perché non (divertirmi) ________________ per niente.

d. Li ho invitati alla festa perché (divertirsi) ____________________.

e. L'anno scorso ho mandato mio figlio a Oxford perché (imparare) _______________ l'inglese.

f. L'anno scorso ho mandato mio figlio a Oxford perché non (parlare) _____________ bene l'inglese.

g. Gli ho raccontato tutto perché non (smettere) _____________ di fare domande.

h. Gli ho raccontato tutto perché (smettere) ________________ di fare domande.

i. Ho alzato la voce perché la classe non mi (prestare) _______________ attenzione.

j. Ho alzato la voce perché la classe mi (prestare) _______________ attenzione.

➪ 4

5. Formate il contrario degli aggettivi nelle espressioni utilizzando i seguenti prefissi.

dis- stra- in- ir- a(n)- inter- s-

a. una riunione ordinaria ____________________

b. una persona responsabile ____________________

c. una telefonata urbana ____________________

d. una situazione tipica ____________________

e. un volo nazionale ____________________

f. un aperitivo alcolico ____________________

g. un bambino ordinato ____________________

h. un oggetto utile ____________________

i. una persona cortese ____________________

j. un uomo giusto ____________________

6. Leggete il seguente testo e riscrivetelo sostituendo le proposizioni relative con un aggettivo.

Matteo non ha avuto fortuna durante le vacanze. Infatti è capitato in un campeggio orribile. Ecco come racconta la sua esperienza al suo amico Andrea.

In quel campeggio c'era un caos che non si può descrivere. Ognuno sistemava le tende dove voleva e a ogni ora del giorno, così che c'era sempre un rumore che non era possibile tollerare. Inoltre il campeggio era in una valle dove non arrivava mai il vento, e allora anche la notte faceva un caldo che non si riusciva a sopportare. Pranzare al ristorante del campeggio poi era un rischio, perché preparavano dei piatti che non era possibile mangiare e c' era un vino poi che non si poteva bere assolutamente. Dei servizi igienici preferisco non dire niente per non farti perdere l'appetito, comunque erano in condizioni che non si possono riferire. È davvero una cosa che non si può credere che un campeggio così sia presente in una guida. Noi dopo due giorni siamo scappati. Comunque a suo modo è stata un esperienza che non si può dimenticare!

In quel campeggio c'era un caos *indescrivibile*....

(⇨ 9) 7. **Leggete il seguente testo e rispondete quindi alle domande.**

Dimmi che paura hai ...

Paura di essere derubati o aggrediti. Ma anche paura di invecchiare male, di ammalarsi, di avere problemi in famiglia. Ognuno vive le sue ansie, cercando di combatterle e di controllarle. *Panorama* ha chiesto ad alcuni personaggi famosi di raccontare le loro paure quotidiane.

Renzo Arbore, *showman.*
Ho subito tre rapine ed è facile immaginare che mi faccia paura l'aggressione, non solo quella fisica, ma anche quella verbale: davanti a un attacco diretto, violento, mi sento disarmato. Gli scippi mi hanno spaventato, anche se non sono un pauroso. L'unica cosa che temo veramente sono le malattie.

Ottavio Missoni, *stilista.*
Ho avuto i rapinatori in casa e sono stato coinvolto in una rapina al ristorante. Oggi se sento un rumore accendo subito la luce e faccio anch'io rumore, per spaventare eventuali malintenzionati. Non mi piace affrontare i rischi, anche se non mi reputo un codardo.

Alessandro Riello, *presidente dei giovani industriali.*
Le mie paure più intime sono legate ai miei affetti. Il mio punto di riferimento fondamentale è la famiglia e ho sempre il timore che succeda qualcosa ai miei cari. Certo, vivo anche delle paure più banali. Per esempio, strano ma vero, non viaggio volentieri in treno. (...)

Gavino Sanna, *pubblicitario.*
La mia grande paura è quella di dipendere dagli altri, di non essere più autonomo, e anche di invecchiare male. Ma sono paure generiche. I sardi come me vivono poco le ansie legate al quotidiano.

Alba Parietti, *showgirl.*
Quando mi sento depressa le mie paure aumentano. Mi preoccupo per mio figlio, in modo esagerato. Alle ansie materne si aggiungono paure più generali, come quella di invecchiare male. Comunque mi considero una donna piuttosto coraggiosa e a un'aggressione, o a un tentativo di rapina, reagirei virilmente.

(da *Panorama*, 23/12/1994)

Chi ...

a. in caso di rapina cerca di far paura ai criminali? ____________________

b. non si considera un pauroso? ____________________

c. ha paura di aver bisogno degli altri? ____________________

d. ha paura che succeda qualcosa ai propri familiari? ____________________

e. ha paura di una vecchiaia difficile? ____________________

f. ha subito una rapina in casa? ____________________

8. Fate delle frasi secondo il modello.

> preoccupante – ladri – riuscire ad entrare
> → È preoccupante che i ladri siano riusciti ad entrare.

a. probabile – inquilini – non chiudere il portone
b. possibile – ladri – calarsi con una fune sul balcone
c. impossibile – ladri – entrare in presenza del portiere
d. possibile – il signor Graziani – non chiudere bene la porta
e. difficile – l'assicurazione – pagare già tutto il danno
f. assurdo – nessuno – sentire dei rumori

⇨ 10

9. Trasformate le frasi secondo il modello.

> *Se* non *siete assicurati*, evitate di tenere oggetti di valore in casa.
> → *A meno che* non *siate assicurati*, evitate di tenere oggetti di valore in casa.

a. Se non è per qualcosa di importantissimo, oggi non voglio essere disturbato.

____

b. Se non troviamo un passaggio, ho proprio paura che oggi dovremo tornare a casa a piedi.

____

c. Se non piove, stasera si potrebbe andare a giocare a tennis.

____

d. Se non si libera un posto in aereo all'ultimo momento, stavolta dovrò partire in treno.

____

e. Se non l'ha preso qualcuno, il libro dovrebbe essere ancora sul mio tavolo.

____

f. Se non l'ho sognato stanotte, ho sentito dei rumori provenire dal pianterreno.

____

10. *Prima che* + il congiuntivo e *prima di* + l'infinito?

a. Prima _____ (io – venire) __________ ad abitare qui ho vissuto alcuni anni a Berlino.

b. Io ero stanco e volevo rientrare prima _____ (fare) __________ buio.

c. Ho voluto vederti prima _____ (tu – partire) __________ .

d. Prima _____ (io – cominciare) _______________ a lavorare qui ho fatto moltissimi altri lavori.

e. Rifletti bene prima _____ (tu – scegliere) _______________ .

f. Prima _____ (tornare) _____________ i miei genitori a casa tutto era a posto.

g. Prima _____ (noi – andare) _______________ al cinema siamo stati a prendere una pizza in quel nuovo ristorante.

h. Devi avermi telefonato poco prima _____ (io – rientrare) _____________ a casa.

i. Prima _____ (fare) ________ il numero, devi comporre il prefisso.

11. Trasformate le frasi secondo il modello.

> Aprite solo dopo aver guardato attraverso lo spioncino.
> → *Non* aprite *mai prima di* aver guardato attraverso lo spioncino.

a. Affrontate un lungo viaggio solo dopo aver fatto controllare l'olio della macchina.

____

b. Fate una seconda sauna solo dopo esservi riposati almeno venti minuti.

____

c. Gettatevi in acqua solo dopo esservi bagnati lo stomaco e la testa.

____

d. Esponetevi al sole solo dopo esservi protetti con un latte solare.

____

e. Iniziate a sorpassare solo dopo aver guardato nello specchietto retrovisore.

____

12. Trasformate le frasi secondo il modello.

→ È certo che i ladri *sono entrati* dal balcone.
→ È probabile che il ladri *siano entrati* dal balcone.

a. È sicuro che i ladri hanno avuto un complice.
È probabile che i ladri ______________________.

b. È certo che l'assicurazione ______________________.
Non è vero che l'assicurazione abbia pagato tutti i danni.

c. È chiaro che qualcuno ha lasciato il portone aperto.
È possibile che qualcuno ______________________.

d. È sicuro che i condomini ______________________.
Non è sicuro che i condomini vogliano installare un allarme.

e. È evidente che nessuno ha sentito i ladri.
È preoccupante che nessuno ______________________.

f. È indubbio che il furto ______________________di giorno.
Non è certo che il furto sia avvenuto di giorno.

⇨ 12

13. *Finché* o *finché non*?

a. ______________ ero all'università tutto è andato bene. I problemi sono arrivati quando ho cominciato a cercare un lavoro.

b. Dove vuoi andare? ______________ smette di piovere non possiamo uscire.

c. ______________ guadagnerò così poco, non potrò permettermi un appartamento più grande.

d. ______________ mi dici dove sei stata ieri sera, non ti lascio in pace.

e. Restiamo a casa ______________ il tempo è così brutto.

f. Devo occuparmi io del bambino ______________ mia moglie sta male.

g. Marco è proprio un maleducato. Ma stavolta, ______________ mi avrà chiesto scusa, non gli rivolgerò la parola.

h. ______________ ho finito questo lavoro, devo restare in ufficio.

i. Il direttore è furioso, ______________ si sarà calmato è meglio lasciarlo stare.

j. ______________ i figli sono piccoli non danno tanti problemi.

(➪ 17)

14. Il seguente brano è tratto da *Pecoraro*, uno dei «Nuovi racconti romani» di Alberto Moravia (pseudonimo di Alberto Pincherle, Roma 1907 – 1990). Leggete il testo. Trascrivete poi i verbi coniugati al passato remoto e scrivete accanto la forma dell'infinito.

Una bella mattinata di sole, montai a piazza Ungheria; Tiburzio, lui, era già salito alla fermata prima. Tra gli autobus, quello sul quale ero salito quel giorno si può dire che sia come la macchina di lusso con la carrozzeria speciale tra le altre macchinette utilitarie. Tutta la crema dei quartieri alti; (...) tutte le signore e signorine che corrono a via Veneto per sfoggiare il vestituccio nuovo o la giacca di pelliccia di castoro bianco; tutti i signori che indossano il paltoncino da sbarco, di lana di cammello, con gli alamari e il cappuccetto; tutta la classe alta insomma frequenta quest'autobus privilegiato nel quale tra i profumi, le gioie, le lane, e le pellicce pare di essere come tanti confetti da sposa dentro una bomboniera foderata di seta. Salii, dunque e come d'accordo feci un cenno a Tiburzio che stava a mezza strada nell'autobus, il quale subito ripartì. Tosto incominciò la conversazione tra tutta quella gente che si conosceva: chi si salutava da lontano: «Ciao, ciao;» chi baciava la mano a qualche signora; chi faceva a voce alta la descrizione di una festicciola tra amici che aveva avuto luogo la sera prima; (...). Il bigliettaio, poveretto, badava a ripetere, a testa bassa, come in un sogno: «Signori avanti, signori avanti;» e intanto spiegava con le dita i biglietti ciancicati e piegati che quelle signore tiravano fuori dal portamonete. Una di queste, una bruna alta, con un viso bello tutto smaltato di rosa e due occhi neri e carezzevoli, avvolta in una pelliccia bionda, aveva tra le braccia un mazzo di mimose che profumavano da stordire e sbaffavano di polverina gialla la faccia a quanti le stavano intorno. Accennai con lo sguardo a Tiburzio che, serio e compreso, si appoggiava ad un sedile, un passo più in là, e quindi mi avvicinai alla signora che, sotto il mazzo di fiori, portava appesa al braccio una grande borsa chiara. Qualcuno le disse: «Ciao, Marozia,» e quel nome mi convinse perché soltanto una persona molto ricca può portare un nome così strano. Adesso le ero a ridosso, lei mi voltava le spalle e io avevo il mazzo di mimose in pieno viso. Tiburzio, al solito, alla fermata di via Paisiello, fece finta di volere scendere e passò avanti con uno spintone che mi buttò contro la signora la quale sospirò: «ohimé» con una vocetta dolce, piegandosi tutta verso il sedile di fronte. Bastò: io avevo già la mano sul fermaglio della borsa sotto il mazzo di fiori; con mossa lesta svitai il fermaglio, misi la mano nella borsa, tolsi il portafogli e me lo cacciai in tasca. Ma vedi fatalità proprio in quel momento, la signora dalle mimose che stava parlando non so con chi, disse: « Ho l'indirizzo sul biglietto d'invito ... adesso te lo dico;» e mise la mano nella borsa cercando il portafogli. Io mi stavo già avviando verso l'uscita quando un grido mi fermò: «Al ladro ... mi hanno rubato il portafogli ... al ladro.»

LEZIONE 12

Ma sei sempre raffreddata?

➪ 2

1. Osservate nel brano di Buzzati a p. 152 del manuale l'uso di *tutt'al più* e *soprattutto* e completate poi le seguenti frasi.

a. Leggo sempre il giornale. _______________ leggo la pagina dei commenti politici.

b. Mi dispiace, ma la macchina sabato mi serve. _______________ ti posso prestare la motocicletta.

c. Guardo poco la televisione. Vedo solo il telegiornale. _______________, di tanto in tanto, mi guardo qualche film.

d. Da giovane facevo molto sport. _______________ andavo in bicicletta.

e. Io adoro la verdura. _______________ mi piacciono gli asparagi.

f. Mia moglie parla tre lingue. _______________ parla bene l'inglese.

Io invece _______________ riesco a farmi capire un po' in francese.

g. Non bevo quasi mai alcolici. _______________ un aperitivo quando sono con qualche amico.

h. Non mi piacciono i film dell'orrore, _______________ non sopporto le scene di violenza.

2. Osservate gli esempi, inserite poi nelle frasi sottostanti *ce ne* insieme alla forma necessaria del verbo *essere*.

> Donne! Non *ce ne saranno* mai abbastanza!
> Ho trovato il latte. *Ce n'era* una bottiglia in frigo.

a. Bevande per stasera __________________ abbastanza. Dobbiamo forse preparare ancora qualcosa da mangiare.

b. Abbiamo quasi finito il vino. In cantina __________________ solo due bottiglie.

c. Al matrimonio di Sergio e Stefania c'erano molti amici di lui. Amici di lei invece __________________ pochissimi.

d. Treni per Roma __________________ molti: più o meno uno ogni ora.

e. Ho finito i dischetti. ____________________ uno in questa scatola, ma deve averlo preso mio figlio.

f. Al seminario c'erano praticamente tutte donne. Uomini ____________________ soltanto due.

g. È meglio non toccare ancora i soldi che abbiamo in banca. Li prenderemo quando ____________________ veramente bisogno.

h. Ristoranti buoni in questa città ____________________ veramente pochi.

⇨ 3

3. Pasqualina non è contenta del marito e se ne lamenta con la madre. Ecco una parte della lettera che le ha scritto.

> Cara mamma,
> non sai come è cambiato Valerio da qualche tempo. Non sembra neanche la stessa persona. La mattina andando al lavoro non mi saluta mai con un bacio; a tavola non mi rivolge mai la parola se non per chiedermi l'olio o il sale; non mi chiede mai se ho voglia di fare qualcosa con lui, non mi propone mai di uscire un po'; non mi abbraccia mai; non è mai un po' tenero con me; non mi dice mai qualcosa di carino. Non so più veramente cosa fare. Ne ho parlato anche con Marina e …

Riscrivete adesso la lettera sostituendo alle frasi con *non … mai* altre frasi con *mai che* + il congiuntivo.

Cara mamma,

non sai come è cambiato Valerio da qualche tempo. Non sembra neanche la stessa persona. *Mai che* la mattina andando al lavoro ________________

____

____

____

____

Non so più veramente cosa fare. Ne ho parlato anche con Marina e …

6

4. Leggete il seguente testo.

Allergie: crisi record

MILANO – Allarme allergie. Non soltanto perché con la primavera esplodono le classiche «pollinosi», ma anche perché il fenomeno è ormai in continua crescita. Qualcuno l'ha definito il male della società industrializzata, ed è vero che si riscontra più nelle città che nelle campagne (nonostante in queste ultime vi siano più pollini). Le malattie allergiche sono in aumento in tutti i paesi cosiddetti «ricchi» e secondo gli esperti internazionali quasi una persona su 4 oggi può manifestare nel corso della propria vita manifestazioni di tipo allergico. Ovviamente sono molto meno i malati «veri», quelli che convivono con il disturbo. In Italia, ormai, tre persone su cento vanno dal medico perché afflitte da orticaria o eczema, rinite (il raffreddore), congiuntivite (occhi lacrimanti) e soprattutto asma.(...)
È possibile tracciare un identikit dell'allergico (secondo i dati di un'indagine Istat sulle famiglie italiane): in prevalenza gli affetti sono di sesso femminile (soprattutto per quanto riguarda l'asma), hanno un'età fra i 25 e i 34 anni, sono laureati, separati o divorziati, impiegati nella pubblica amministrazione o nell'industria. (...)
I bambini poi non sono risparmiati dall'escalation allergica: da piccolissimi possono essere afflitti da dermatite atopica (o eczema), che quasi sempre guarisce con lo sviluppo, per poi passare alle stesse forme degli adulti (rinite, congiuntivite, asma, orticaria, intolleranze alimentari). Anche per loro l'asma è il maggior pericolo. Si calcola che uno scolaro su dieci soffra di una o più manifestazioni allergiche. E gli scienziati parlano di uno scolaro su due nel Duemila. (...)
Resta il fatto che le allergie sono in costante aumento. Non è ancora chiaro però quale componente dell'inquinamento sia la causa di tale crescita. Secondo un recente studio giapponese sono i gas di scarico delle automobili, in particolare se hanno motori diesel, i responsabili dell'aumento delle allergie. Ma per ora è poco più di un'ipotesi. In casa e negli ambienti chiusi, il fumo passivo sembra influenzare soprattutto i bambini. (...)
Comunque, è importante sapere che oltre un terzo dei piccoli sofferenti di asma allergico guarisce spontaneamente nel corso dell'adolescenza.

(da *Il Corriere della Sera*, 6/4/1995)

Completate adesso le frasi.

a. Una persona su quattro ...
b. Il tre per cento degli italiani ...
c. Uno scolaro su due ...
d. Un terzo dei bambini che soffrono d'asma ...

1. ... guarisce senza bisogno di cure.
2. ... può soffrire di allergia durante la sua vita.
3. ... va dal medico per curare i propri disturbi allergici.
4. ... soffrirà di allergia nel Duemila.

Allergia da polline? Scegli l'elicriso

(⇨ 9) **5. Unite le frasi della prima colonna a quelle della seconda. In queste ultime coniugate i verbi al congiuntivo imperfetto.**

a. Sbrighiamoci a tornare a casa, il tempo sta cambiando.	Non vorrei che mi (rubare) ________________ anche questa. **(1)**
b. Non raccontare a nessuno quello che ti ho detto.	Mah! Non vorrei che mi (raccontare) ________________ delle bugie. **(2)**
c. Bisogna che porti la macchina dal meccanico.	Non vorrei che poi, alzandomi, (ritornarmi) ________________ la febbre. **(3)**
d. Ho messo l'allarme alla motocicletta. Sai, me ne hanno già rubata una.	Non vorrei che alla fine lo (venire) ____________ a sapere anche mia moglie. **(4)**
e. Oggi mi sento meglio, ma preferisco restare a letto.	Non vorrei che (cominciare) ________________ a piovere. **(5)**
f. Da qualche tempo mio marito torna sempre a casa tardi. Dice che ha tanto lavoro.	Non vorrei che uno di questi giorni mi (lasciare) ______________ sull'autostrada. **(6)**
g. Abbiamo il portabagagli pieno di bottiglie di grappa.	Non vorrei che (venirti) ______________ di nuovo il mal di gola. **(7)**
h. Non vedi che fa freddo? Mettiti la sciarpa.	Speriamo bene! Non vorrei che al confine (loro – farci) ________________ una multa. **(8)**

13 6. Completate le frasi con i verbi al congiuntivo presente.

a. Cerchiamo un direttore delle vendite che (conoscere) ____________ anche lo spagnolo e il portoghese.
b. Abbiamo bisogno di un appartamento che (avere) ____________ almeno tre camere.
c. Sto cercando un tappeto che (andare) _________ bene con il colore del divano.
d. A me serve un'automobile che non (consumare) ____________ molto.
e. Cerchiamo una ragazza alla pari che (stare) _________ con i bambini per tutta l'estate.
f. Ho bisogno di una radio che (ricevere) _________ bene anche i programmi stranieri.
g. Ho bisogno di un libro che (trattare) _________ l'argomento in modo semplice e chiaro.

14 7. Completate le frasi con i verbi sottostanti.

arrivare – aiutare – cantare – dispiacere essere – parlare – partire – sapere

a. Pensavate che non ________________ niente? E invece siamo al corrente di tutto.
b. Ma Lei conosce anche il tedesco e lo spagnolo signor Prati. Complimenti! Non sapevo che ________________ tante lingue.
c. Quella è la madre di Monica? Ma è giovanissima! Io pensavo che ________________ la sorella.
d. Che bella voce che hai! Bravo, non sapevo che ________________ così bene.
e. Mi scusi se ho usato il suo computer signora Arbore, non pensavo che Le ____________.
f. Era Paolo al telefono. Mi ha chiamato perché pensava che io ________________ domani e voleva salutarmi.
g. Io speravo che i genitori di mia moglie ci ________________ e invece non ci hanno dato un soldo.
h. Siete gia qui? Pensavo che ______________ più tardi.

8. Secondo il modello completate le frasi con i verbi al congiuntivo imperfetto. Dove è necessario aggiungete anche i pronomi.

> Non lo sai? Pensavo che *lo sapessi*.

a. Non vi conoscete? Credevo che ____________________.

b. Signora Anselmi, non Le piace la cucina cinese? Pensavo che

_______________.

c. Davvero non ti ricordi di Marcella? Credevo che ____________________.

d. Non parli inglese? Strano, mi sembrava che _______________.

e. Andrea e Ruggero non vengono alla festa? Mi dispiace, speravo che

_______________.

f. Partite domani? Credevo che _____________ stasera.

g. Ti sposi in comune? Pensavo che _____________ in chiesa.

h. È una città tranquilla. Io pensavo invece che __________ pericolosa.

9. Trasformate le frasi secondo il modello.

> Finora ho risparmiato *poco*, ma dal prossimo mese risparmierò *di più*.
> → Dal prossimo mese risparmierò *più di quanto* ho risparmiato finora.
>
> Finora ho speso *molto*, ma dall'anno prossimo spenderò *di meno*.
> → Dall'anno prossimo spenderò *meno di quanto* ho speso finora.

a. Prima guadagnavo abbastanza, ma adesso guadagno di più.
b. Finora ho lavorato molto, ma dal mese prossimo lavorerò di meno.
c. Adesso paghiamo molto, ma nella nuova casa pagheremo di meno.
d. Finora ho mangiato pochissimo, ma con la nuova dieta potrò mangiare di più.
e. Ieri abbiamo visto molto, ma oggi vedremo di meno.
f. Quest'anno abbiamo studiato poco, ma l'anno prossimo studieremo di più.
g. Questo mese ho risparmiato poco, ma il mese prossimo voglio risparmiare di più.

10. Il seguente brano è tratto da «Sostiene Pereira» di Antonio Tabucchi. Il protagonista, Pereira appunto, è un giornalista di Lisbona. Poiché ha dei disturbi cardiaci ed è obeso, a un certo punto decide di recarsi in una casa di cura. Leggete il testo e poi rispondete alle domande.

Quando arrivò nella hall vide un signore in camice bianco che guardava il mare dalle finestre. Pereira gli si avvicinò. Era un uomo tra i trentacinque e i quarant'anni, con un pizzetto biondo e gli occhi celesti. Buonasera, disse il medico con un sorriso timido, sono il dottor Cardoso, lei è il dottor Pereira, immagino, la stavo aspettando, sarebbe l'ora della passeggiata dei pazienti sulla spiaggia, ma se lei lo preferisce, possiamo restare a parlare qui o uscire in giardino. Pereira rispose che in effetti non gli andava molto una passeggiata sulla spiaggia, disse che quel giorno in spiaggia c'era già stato e raccontò il bagno fatto a Santo Amaro. Oh, è magnifico, esclamò il dottor Cardoso, credevo di avere a che fare con un paziente più difficile, ma vedo che la natura la attira ancora. Forse sono attirato piuttosto dai ricordi, disse Pereira. In che senso?, chiese il dottor Cardoso. Poi forse glielo spiegherò, disse Pereira, ma non ora, magari domani.

Uscirono in giardino. Facciamo una passeggiata?, propose il dottor Cardoso, farà bene a lei e farà bene a me. Dietro le palme del giardino, che crescevano fra rocce e sabbia, c'era un bel parco. Pereira vi seguì il dottor Cardoso, che era in vena di chiacchierare. In questi giorni lei è affidato a me, disse il medico, ho bisogno di parlare con lei e di conoscere le sue abitudini, con me non deve avere segreti. Mi chieda tutto, disse Pereira con disponibilità. Il dottor Cardoso colse un filo d'erba e se lo mise in bocca. Cominciamo dalle sue abitudini alimentari, chiese, quali sono? La mattina prendo il caffè, rispose Pereira, e poi faccio un pranzo e una cena, come tutti, è molto semplice. E cosa mangia di solito, chiese il dottor Cardoso, voglio dire, che tipo di alimentazione mantiene? Frittate, avrebbe voluto rispondere Pereira, mangio praticamente solo frittate, perché la mia portiera mi prepara pane e frittata e perché al Café Orquídea servono solo omelettes alle erbe aromatiche. Ma provò vergogna e rispose diversamente. Alimentazione variata, disse, pesce, carne, verdura, sono abbastanza parco nel cibo e mi nutro in maniera razionale. E la sua pinguedine quando ha cominciato a manifestarsi?, chiese il dottor Cardoso. Alcuni anni fa, rispose Pereira, dopo la morte di mia moglie. E in quanto ai dolci, chiese il dottor Cardoso, mangia molti dolci? Mai, rispose Pereira, non mi piacciono, bevo solo limonate. Limonate come?, chiese il dottor Cardoso. Spremute naturali di limone, disse Pereira, mi piacciono, mi rinfrescano e ho l'impressione che facciano bene all'intestino, perché ho spesso gli intestini in disordine. Quante al giorno?, chiese il dottor Cardoso. Pereira ci pensò un'attimo. Dipende dai giorni, rispose, ora in estate, per esempio, una decina. Dieci limonate al giorno!, esclamò il dottor Cardoso, dottor Pereira, mi sembra una pazzia, e mi dica, ci mette zucchero? Le riempio di zucchero, disse Pereira, metà bicchiere di limonata e metà di zucchero. Il dottor Cardoso sputò il filo d'erba che teneva in bocca, fece un gesto perentorio con la mano e sentenziò: da oggi è finita con le limonate, le sostituiamo con acqua minerale, meglio se non gassata, ma se preferisce acqua gassata va bene ugualmente.

a. Come viene definita nel testo una «barba a punta, solo sul mento»? ________________

b. Come scrive Tabucchi invece di «aveva voglia di chiacchierare»? ________________

c. Come dice Pereira invece di «non esagero con il cibo»? ________________

d. E come invece di «mangio»? ________________

e. Come dice il dottor Cardoso invece di «è assurdo»? ________________

f. E come invece di «deve smettere di bere limonate»? ________________

11. Tornate al testo di Tabucchi. Nel brano le parole dette da Pereira e da Cardoso sono introdotte da verbi come «disse» e «rispose». Quali altri verbi al passato remoto usa Tabucchi? Trascriveteli e, con l'aiuto del vocabolario, individuate qual è l'infinito e se sono regolari o irregolari.

____

____

____

____

____

____

____

15

12. Fate delle frasi secondo il modello.

> la cura non funzionare / darti io l'indirizzo di uno specialista
> → *Se* la cura non *dovesse* funzionare, ti *darò* io l'indirizzo di uno specialista.

a. (noi) non trovare un volo / partire in treno
b. tu non riuscirci da solo / aiutarti io
c. io uscire dall'ufficio dopo le sette / (noi) vederci direttamente a teatro
d. esserci sciopero dei mezzi pubblici / accompagnarvi io all'aeroporto
e. i soldi non bastarvi / aiutarvi noi
f. (voi) non trovarvi bene in quest'albergo / (io) cercarvene un altro
g. far brutto tempo / anziché fuori (noi) mangiare dentro

13. Unite le frasi e coniugate i verbi nei modi e nei tempi necessari.

a. Io adesso provo a telefonare al ragioniere in ufficio e	se non (dovere) __________ finirlo, vorrà dire che lo (finire) __________ domani. **(1)**
b. Tu adesso mettiti a studiare e	se (dovere) _____________ perderlo, vorrà dire che (prendere) _______________ quello delle otto. **(2)**
c. Lei adesso cerchi di finire questo lavoro entro oggi e	se non (dovere) __________ trovarne uno, vorrà dire che vi (portare) __________ io alla stazione. **(3)**
d. Noi adesso cerchiamo di partire con il treno delle sette e	se non (dovere) __________ trovarlo, vorrà dire che gli (lasciare) __________ un messaggio. **(4)**
e. Voi adesso chiamate un taxi e	se non (dovere) __________ superare l'esame, vorrà dire che lo (ridare) __________. **(5)**

LEZIONE 13

Se me l'avessi detto prima ...

(⇨ 3)

1. Fate delle frasi secondo il modello.

Purtroppo mi hai informato troppo tardi, se *mi avessi informato* prima ...

a. Mi avete avvisato troppo tardi, se ____________________ prima ...

b. L'ho conosciuta troppo tardi, se ____________________ prima ...

c. Purtroppo hanno risposto troppo tardi, se ____________________ prima ...

d. Ce ne siamo accorti troppo tardi, se ____________________ prima ...

e. Mi sono presentato troppo tardi, se ____________________ prima ...

f. Mi dispiace, sei arrivato troppo tardi, se ____________________ prima ...

2. Completate le frasi.

a. Mi dispiace, ma per sabato non ci sono più posti in aero. Se Lei (prenotare) ____________________ due settimane fa, li (trovare) ____________________ sicuramente, ma ora è troppo tardi.

b. Mi dispiace, ma ho già preso un impegno. Se tu (dirmelo) ____________________ prima, (io – accompagnarti) ____________________ volentieri.

c. Mi dispiace, ma la macchina ancora non è pronta. Se Lei (darmi) ____________________ un recapito telefonico, (io – avvisarLa) ____________________ e (dirLe) ____________________ di non venire.

d. Mi dispiace, ma sto già preparando la cena. Se (voi – telefonare) ____________________ prima, (noi – venire) ____________________ al ristorante con voi.

e. Mi dispiace, ma non è colpa mia. Se non (esserci) ____________________ tanto traffico, (io – arrivare) ____________________ prima.

f. Mi dispiace, ma adesso è troppo tardi. Se Suo figlio (studiare) ____________________ di più, (avere) ____________________ un voto migliore.

3. Trasformate le frasi in periodi ipotetici secondo il modello.

> Non ti ho chiamato perché ho perso il tuo numero di telefono.
> → Se non avessi perso il tuo numero di telefono, ti avrei chiamato.

a. Ho avuto l'incidente perché mi sono distratto.

____

b. Abbiamo fatto la coda al check – in perché siamo arrivati tardi.

____

c. Non hai superato l'esame perché non hai studiato.

____

d. Ho interrotto gli studi perché ho cominciato a lavorare.

____

e. Ho preso solo un'insalata perché non avevo appetito.

____

f. Non siamo venuti perché non ci avete invitati.

____

g. Non mi sono sposata perché non ho trovato l'uomo giusto.

____

h. Hai imparato così bene l'inglese perché sei stato due anni a Londra.

____

i. Sono emigrati in Germania perché in Italia non hanno trovato lavoro.

____

j. Non gli ho telefonato perché non ho trovato il suo numero nell'elenco telefonico.

____

4. Conoscete Shakespeare? Formate delle frasi complete e coniugate poi i verbi.

a. Se Cleopatra non (essere) ______________ così bella,

b. Se Otello non (essere) ______________ così geloso,

c. Se Amleto non (volere) ______________ vendicare il padre,

d. Se Capuleti e Montecchi non (essere) ______________ nemici,

e. Se Macbeth (avere) ______________ una moglie meno ambiziosa,

f. Se Prospero non gli (affondare) ______________ la nave,

1. non (fare) ______________ uccidere Banquo e Duncan.
2. Romeo e Giulietta (sposarsi) ______________ senza difficoltà.
3. Antonio non (innamorarsi) ______________ di lei.
4. Calibano non (conoscere) ______________ Miranda.
5. (sposare) ______________ Ofelia.
6. non (uccidere) ______________ Desdemona.

⇨ 6

5. Trasformate le frasi secondo il modello.

> Se *avessi studiato* le lingue, *avresti trovato* certamente un lavoro migliore.
> → Se *studiavi* le lingue, *trovavi* certamente un lavoro migliore.

a. Se non ci avessi messo tanto tempo a fare le valigie, non avremmo perso il treno.

____

b. Se aveste prenotato in tempo, avreste trovato posto al ristorante.

____

c. Se avessero preso la macchina, avrebbero fatto prima.

____

d. Se fossi partito in treno, saresti arrivato più riposato.

____

e. Se aveste preso l'aereo, secondo me avreste speso il doppio.

____

f. Se avessimo cambiato i soldi ieri, non avremmo perso tanto al cambio.

____

g. Se non ti avessi mandato un espresso, la lettera non ti sarebbe arrivata entro oggi.

____

6. **Ricomponete la lettera che la signora Elena di Roma scrive ad una rivista femminile.**

(1) Sono divisa da mio marito ormai da due anni. Vivo da sola e, anche se lavoro e ho delle amiche, nella mia vita ci sono molti momenti di noia. Il mese scorso, durante un viaggio in treno, ho fatto la conoscenza di un avvocato, un uomo molto simpatico, più vecchio di me di qualche anno e, come me, separato.

( ) La domenica successiva ero a casa che guardavo il telegiornale ancora con un diavolo per capello, quando improvvisamente in un servizio di sport da Torino dedicato alla partita Roma – Juventus, lo vedo. Mi rifiutavo di crederlo, ma sì, era lui, proprio lui, mischiato fra la folla che usciva dallo stadio, con una sciarpa giallo – rossa al collo e felice come una Pasqua perché la sua squadra, la Roma, aveva vinto.

( ) Abbiamo comiciato a vederci il sabato e poi anche durante la settimana e lui si è sempre dimostrato disponibile; ma quando gli chiedevo di vederci la domenica, lui mi diceva di aver sempre qualcosa da fare: una riunione con i colleghi dello studio, un consiglio di amministrazione, un processo da studiare; ma tutto questo sempre e soltanto la domenica, mai durante gli altri giorni, mai.

( ) Dopo quell'incontro abbiamo cominciato a frequentarci e, dopo qualche settimana, anche se non ho certo perso la testa per lui, ho capito di volergli bene. Del resto è una persona squisita, anzi, devo dire che raramente nella mia vita ho incontrato uomini carini e gentili come lui.

( ) Allora sono esplosa e gli ho detto che non credevo una parola di quello che mi raccontava, che trovavo vergognoso e ridicolo il suo comportamento e che se lui non era sincero con me, be', allora non aveva senso continuare a vederci, e perché capisse quanto ero arrabbiata, gli ho attaccato il telefono in faccia.

( ) Un mese fa gli avevo chiesto di passare insieme il fine settimana nella casa di montagna di una mia amica. Gli ho detto che saremmo stati solamente io e lui e che avremmo potuto fare delle lunghe passeggiate nei prati e ammirare il paesaggio e respirare finalmente (noi poveri cittadini) un po' d'aria pura. Niente da fare. Mi ha detto che doveva partire per Torino per affari e che comunque, se avessi voluto, avremmo potuto vederci sabato, ma la domenica ..., la domenica no.

( ) Ecco cosa faceva la domenica! Altro che donne o chi sa quale altra attività. La domenica, ogni domenica, a Roma o in un'altra città, lui seguiva la sua squadra. Ho cominciato a ridere sempre più forte e poi ho cominciato a piangere, non so neanch'io perché.
Ma non poteva dirmelo? Che bisogno c'era di raccontarmi tante storie?

➪ 9

7. Unite le frasi e nelle prime coniugate anche il verbo.

a. Benché (piovere) _______________ a dirotto,

b. Benché (avere) __________ la patente soltanto da pochi mesi,

c. Benché allora non (conoscere) ___________ una parola di tedesco,

d. Benché (sapere) _____________ che io non mangio il pesce,

e. Benché (sapere) _____________ che lui non è un tipo molto generoso,

f. Benché non (conoscere) ________________ nessuno degli ospiti,

g. Benché la gamba (farmi) _______________ un po' male,

h. Benché (tornare) _______________ a casa stanchissimo,

i. Benché Adriana non (essere) __________ bella per niente,

1. gli hanno chiesto in prestito 700 mila lire.

2. mio padre la sera giocava sempre con noi.

3. ha voluto fare un viaggio così lungo con la macchina.

4. tutti gli uomini si innamoravano di lei.

5. alla festa ci siamo divertiti moltissimo.

6. a Berlino non abbiamo avuto nessuna difficoltà.

7. ho voluto giocare fino alla fine della partita.

8. di primo mi ha preparato spaghetti con le vongole.

9. è uscito senza ombrello.

8. Trasformate le frasi secondo il modello usando *benché* o *sebbene*.

Anche se stava meglio, Giorgio era ancora molto pallido.
→ *Benché / sebbene stesse* meglio, Giorgio era ancora molto pallido.

a. Anche se era già in pensione, continuava ad insegnare in una scuola privata.
b. Anche se mi ero rivolta al consolato, non sono riuscita ad avere le informazioni che desideravo.
c. Anche se durante la sua gioventù era stato in Brasile, non aveva mai imparato bene il portoghese.
d. Anche se aveva frequentato per mesi la scuola guida, non è riuscito a prendere la patente.
e. Anche se non aveva la ricetta medica, gli hanno venduto dei sonniferi molto forti.

⇨ 11

9. Completate con i pronomi necessari.

a. Non conoscevo questo ristorante, ________ ha portato Mario.

b. Non c'è bisogno che cerchiate un taxi per andare all'aeroporto. ________ accompagno io.

c. Stamattina dovevamo andare alla stazione, ma c'era sciopero degli autobus. Per fortuna il vicino doveva passare da quelle parti e così ________ ha accompagnati lui.

d. Sì, il bambino è andato a scuola, ________ ha accompagnato la figlia del portiere.

e. Ho scoperto un bellissimo posto vicino a Roma, sabato prossimo se hai tempo ________ porto.

f. Stamattina i turisti hanno in programma una visita al Foro Romano e la guida è malata. Bisogna trovare qualcun'altro che ________ accompagni.

➪ 13

10. Completate il dialogo con le parole sottostanti.

benché – e dagli – è possibile che – figurati! – macché mi dispiace – se – senti chi parla!

Lei: Che puzza di bruciato!

Lui: ____________________, cara, si è bruciato l'arrosto.

Lei: Si è bruciato? L'hai bruciato. Ma ____________________ tu non sappia fare niente? Anche l'altro ieri hai fatto la pasta scotta.

Lui: Io non so fare niente? __________________________

Lei: Perché?

Lui: Perché?! Quando sono venuti a pranzo i miei genitori hai fatto uno spezzatino che non avrebbe mangiato neanche un cane.

Lei: ____________________ con 'sto spezzatino!

Lui: Era immangiabile. E ____________________ io t'avessi detto che era meglio andare al ristorante, tu hai voluto restare a casa.

Lei: E certo! Perché ____________________ fossimo andati nel ristorante che avevi scelto tu, avremmo speso un patrimonio.

Lui: ____________________ avremmo speso un patrimonio!

____

11. Fra le due possibilità, scegliete quella giusta.

Egregio signor Crassi,

Essendo/Avendo già trascorso più di un mese dalla mia prima telefonata *a/in* cui mi lamentavo dell'impossibilità di trascorrere un periodo di riposo nella villetta che avevo preso in affitto a Marina di S. Scolastica, mi trovo costretto a rivolgermi a Lei con questa lettera. Mi permetta di riassumere quanto è *successo/succedeva*. Il 30 aprile u.s. ho prenotato tramite la sua agenzia una villetta nella suddetta località per il *tempo/periodo* dal 10 al 22 agosto. Al momento della prenotazione *ho versato/versavo* una caparra di lire 500.000 e il 7 luglio ho provveduto a saldare il rimanente importo di lire 1.250.000. *Benché/Anche se* al momento della prenotazione avessi fatto presente all'impiegato che per me era indispensabile che la villetta *era/fosse* situata in un luogo tranquillo, mi è stata proposta una casetta bifamiliare e mi è stato assicurato che l'altra parte della casa non sarebbe stata abitata *durante/mentre* quel periodo. Pur non potendoLe descrivere nei dettagli tutti i disagi provati, proverò ad elencarne alcuni *per/perché* Lei possa rendersi conto che la mia protesta non è affatto infondata. La casa era sita in una zona a circa 50 metri da un cantiere edile e a 200 metri da una discoteca all'aperto, per cui c'era rumore praticamente tutto il giorno e gran parte della notte. Quanto all'altra metà della casa, è stata libera fino al 13 agosto, ma dopo è stato un andirivieni di gente, tanto che già il giorno di ferragosto *preferivo/ho preferito* cercarmi un altro posto in cui trascorrere la seconda settimana di ferie. *Anzi/Inoltre* il mare, che mi era stato descritto come uno dei migliori, non lo era affatto e la spiaggia poi era piena di rifiuti. Capirà che se *avrei/avessi* immaginato soltanto un decimo di tutti i disagi che avrei potuto incontrare, non *avrei/avessi* mai preso in considerazione né il posto, né la casa per le mie vacanze. Per i suddetti motivi mi *guardo/vedo* costretto a chiederLe il rimborso delle spese da me sostenute.

Distini/cari saluti

⇨ 15

12. Mirandolina dice «Mi piace l'arrosto ma del fumo non so che farne».

Cosa si dice …

a. a chi non si accontenta?
b. a chi non si dimostra attivo?
c. a chi approfitta dell'assenza di qualcuno per fare quello che vuole?
d. a chi ha paura di qualcuno che fa la voce grossa?
e. a chi si dimostra spaventato per un'improvvisa difficoltà?
f. a chi ha una reazione esagerata a una battuta innocente?

1. Can che abbaia non morde.
2. La lingua batte dove il dente duole.
3. Meglio un uovo oggi che una gallina domani.
4. Il diavolo non è così brutto come lo si dipinge.
5. Chi dorme non piglia pesci.
6. Quando la gatta non c'è i topi ballano.

13. Mirandolina dice: «Con questi per l'appunto mi ci metto di picca.» Non sempre i modi di dire si possono tradurre alla lettera. Leggete le frasi qui sotto e indicate per ogni modo di dire un'espressione analoga della vostra lingua.

a. Ah, sono così stanco! Non vedo l'ora che comincino le vacanze di Natale, così potrò riposarmi un po'.
b. Riccardo è sempre più arrogante. Da quando si è laureato in legge si dà delle arie da grande avvocato.
c. Marcella è proprio una ragazza in gamba! Studia, lavora e si occupa anche dei fratelli più piccoli.
d. Da quando Stefano è apparso in televisione in una «candid camera» tutti gli amici lo prendono in giro.

a. Non vede l'ora ______________________
b. Darsi delle arie ______________________
c. Essere in gamba ______________________
d. Prendere in giro ______________________

16 **14. Leggete il seguente testo e fate poi l'esercizio successivo.**

Più ciccioni col video

Se la stanza non è buia, l'immagine poco contrastata, non ci sono riflessi sullo schermo e la si guarda da almeno tre metri di distanza, la televisione non fa male al bambino. (...) I problemi nascono quando il piccolo diventa un videodipendente, cioè sta davanti al televisore per più di quattro ore al giorno. «Dei ragazzini tra i cinque e i dieci anni affidati dai genitori alla baby-sitter elettronica una percentuale compresa fra il 25 e il 30 per cento diventa obesa» osserva Alberto Podestà, pediatra all'ospedale San Paolo di Milano. «E il guaio è che non solo il fenomeno è in aumento, ma potrà avere conseguenze gravi sotto forma di malattie degenerative per tutto il resto della vita». Guardare la televisione da soli, inoltre, riduce la capacità di gioco, e quindi la fantasia del bambino, accentua la sedentarietà, impedisce di leggere e di fare attività sportiva. E ogni forma di capacità critica viene ridotta. (...) E neppure i videogame sono innocui: in soggetti geneticamente predisposti possono scatenare addirittura crisi di tipo epilettico. Il rimedio? Guardare meno la televisione, ovviamente, o farlo sotto la guida di un genitore. O almeno ripiegare sul videoregistratore: un bambino addestrato saprà scegliere i programmi che più gli interessano, e guardarseli quando vuole.

(*da Panorama*, 7/7/1995)

Vero o falso?	v	f
La televisione fa male se	
a. la si guarda in una stanza illuminata.	❑	❑
b. lo schermo riflette altra luce.	❑	❑
c. si sta a oltre tre metri dal televisore.	❑	❑
Una buona percentuale dei bambini che guardano troppo la televisione	
a. ingrassa.	❑	❑
b. legge poco.	❑	❑
c. gioca meno degli altri bambini.	❑	❑

LEZIONE 14

Ma è roba da matti!

(⇨ 1) **1. Rintracciate nel testo a p. 178 del manuale i sostantivi elencati qui sotto e inseriteli quindi nelle seguenti frasi.**

guai – minacce – mugugno – parapiglia – tragitto

a. Non tutti erano entusiasti, c'è stato anche qualche ________________, ma alla fine la mia proposta è stata accettata.

b. È meglio prendere l'altro treno, il primo fa un ________________ troppo lungo.

c. Prima hanno cominciato a litigare i bambini, poi le madri e poi anche i padri, insomma è stato un vero e proprio ________________ .

d. Questo è stato un anno pieno di ________________ : prima i problemi con il lavoro, poi con mio figlio, poi l'incidente di mia moglie.

e. Ho fatto di tutto per far studiare mio figlio, ma con lui non funziona niente né promesse né ________________ .

(⇨ 6) **2. Completate le frasi con i seguenti verbi al congiuntivo imperfetto.**

andare – bruciarsi – cadere – investire – tagliarsi

a. Ugo non fa che fumare, ieri gli è caduta la sigaretta; c'è mancato poco che ________________ i pantaloni.

b. Vorrei sapere chi è quel cretino che ha buttato per terra questa buccia di banana, c'è mancato poco che (io) ________________ .

c. Il gatto ha fatto cadere la sedia proprio mentre mi stavo facendo la barba; c'è mancato poco che (io) ________________ .

d. Ieri ho sbandato con la macchina in una curva, c'è mancato poco che ____________ fuori strada .

e. Ieri sera un pazzo non si è fermato al semaforo; io ho fatto un salto indietro ma c'è davvero mancato poco che (lui) mi ________________ .

3. **Francesca dice a Fabrizio: «Che faccia che hai!» e Fabrizio le risponde «Per forza! Ho appena fatto una litigata in mezzo alla strada.» Formate adesso dei dialoghi unendo le frasi della prima colonna a quelle della seconda. Come tradurreste nella vostra lingua le forme evidenziate?**

a. Sai che giorno è oggi?

b. Sai qualcosa di Mario?

c. Scusi il ritardo, direttore, ma sa, con questo caldo …

d. È vero che arrivo sempre in ritardo al lavoro; ma non vado mai via prima delle cinque.

e. Vieni a prendere qualcosa al bar con me?

f. Ma stia attento! Guardi qua mi ha fatto cadere il caffè sul giornale.

g. Tu vieni in vacanza con me e tua madre e senza fare storie!

h. Oh Dio mi scusi! Le ho sporcato i pantaloni.

i. Allora ciao mamma. Ci vediamo fra un mese.

j. Buonissimo il suo arrosto signora. Veramente squisito.

k. Signor Alessi non so veramente come ringraziarLa.

l. Senti Mario io non ce la faccio più. Io mi fermo.

1. Sì, ma, vai piano con la moto *per l'amor di Dio*. Fammi stare tranquilla.

2. *Ma neanche per sogno*! Io adesso ho 18 anni e faccio quello che voglio.

3. *Ma si immagini* signor Martini! Per me è un piacere aiutarLa.

4. E *ci mancherebbe altro*! Vorrebbe andare via anche in anticipo?

5. No. Perché? *Quanti ne abbiamo oggi?* … È vero! È il 30 aprile. Buon compleanno!

6. Dai, ancora un chilometro e poi siamo arrivati. *Forza*!

7. *Non fa niente* signora, tanto sono dei vecchi jeans.

8. Macché! Mi chiedo proprio *che fine abbia fatto*.

9. Ma ne prenda ancora avvocato. *Non faccia complimenti*!

10. *Con piacere*!

11. *Che c'entra* adesso il caldo con il Suo ritardo?

12. Oh mi scusi tanto! *Non l'ho fatto apposta*.

4. Con l'aiuto delle frasi cercate di capire che espressione si usa per definire.

1. un bambino terribile ______________________
2. una persona noiosa e retorica ______________________
3. una persona incapace ______________________
4. una persona vanitosa e arrogante ______________________
5. una persona ingenua ______________________

a. Hai fatto scuocere gli spaghetti e hai anche bruciato la carne. In cucina sei proprio una frana!
b. Ha parlato per un'ora e non ha detto niente.
È proprio un trombone!
c. Ha pagato due milioni per un Rolex fabbricato a Hong Kong.
È proprio un salame.
d. Pretende di sapere tutto meglio degli altri, quel pallone gonfiato!
e. Sta'attento che se continui a far la peste a Natale Gesù Bambino non ti porterà niente!

➪ 9

5. Trasformate le domande alla forma indiretta.

a. Gli ho chiesto: «Mi hai comprato il giornale?»

____

b. Mi ha chiesto: «Sei stato da Marcello?»

____

c. Ci hanno domandato: «Affittate camere per l'estate?»

____

d. Le ho domandato: «Quando sei tornata dalle ferie?»

____

e. Gli hanno chiesto: «Dove hai conosciuto tua moglie?»

____

f. Ci hanno chiesto: «Avete già mangiato in questo ristorante?»

____

(➪ 10)

6. Trasformate le frasi alla forma indiretta aggiungendo anche la congiunzione *perché*.

a. Sono stanchissimo. La notte non riesco più a dormire.

Ha detto che ______________________________

b. Non abbiamo fame. Abbiamo mangiato troppo a pranzo.

Hanno spiegato che ______________________________

c. Sono tornato in città. In campagna faceva troppo freddo.

Ci ha raccontato che ______________________________

d. Sono rimasta a casa. Nessuno mi ha detto che c'era una festa.

Mi ha detto che ______________________________

e. Mi puoi prestare la macchina? La mia non funziona.

Mi ha chiesto se ______________________________

f. Ho deciso di cambiare lavoro. Di questo non ne posso più.

Ci ha confidato che ______________________________

g. È meglio tenere ancora i soldi in banca. In questo momento non conviene fare investimenti.

Ci ha detto che ______________________________

(➪ 12)

7. Completate le frasi con *coloro che / quelli che / chi, ciò che / quello che.*

a. Non credo una parola di ______________ mi hai raccontato.

b. Si sbaglia ______________ pensa di poter fare ______________ vuole.

c. Non sopporto ______________ fumano senza chiedere prima il permesso.

d. ______________ dici è molto interessante.

e. ______________ non risponde a un saluto è veramente un maleducato.

f. ______________ mi dà fastidio di Mario è la sua arroganza.

g. Si dovrebbero multare tutti ______________ buttano i mozziconi di sigarette per terra.

8. Secondo l'esempio completate le frasi con i verbi all'infinito passato.

> I sostenitori di questa iniziativa credevano di *aver risolto* i problemi della nostra città.

a. Credevo di (cercare) ____________________ dappertutto e invece avevo dimenticato di guardare in cucina.

b. Mi ricordavo di (fare) _____________ il pieno ma avevo dimenticato di (dare) ____________la macchina a mio figlio.

c. Temevo di (ferirmi) _______________ e invece non mi ero fatto niente.

d. Temevo di (prendere) _____________ l'influenza e invece avevo solo un po' di mal di gola.

e. Speravo di (trovare) _______________ un lavoro e invece sono stato disoccupato ancora un anno.

f. Credevo di (dimagrire) _____________ e invece non avevo perso neanche un grammo.

g. Temevo di (perdermi) __________________ e invece sulla pianta della città ho visto che ero sulla strada giusta.

h. Speravo di (finire) ____________ e invece ho dovuto fare ancora mezz'ora di fila a un altro sportello.

i. Sei già in piedi? Meno male! Avevo paura di (svegliarti) ____________________ .

9. Qualche regola di buona educazione. Completate con i verbi necessari.

a. Quando sei in pubblico __________ a voce bassa.

b. Prima di fumare __________ sempre il consenso.

c. Cerca sempre di ___________ puntuale a un appuntamento.

d. Se vuoi __________ il cellulare, assicurati di non disturbare nessuno.

e. Se vai in giro con il cane, ___________ con te una paletta e un sacchetto.

15

10. Leggete il seguente testo.

Fumo, telefonini, code: l'Italia delle liti

MILANO – Si vedono come il fumo negli occhi gli italiani. Nel corso del 1994 i livelli di microconflittualità verso i vicini sono fortemente cresciuti soprattutto fra le persone meno istruite residenti nel Centro Italia, operai e lavoratori autonomi tra i 45 e i 54 anni.

A farci trovare gli altri particolarmente antipatici, insopportabili, irritanti, hanno contribuito il traffico e il modo di guidare (altrui), le code negli uffici pubblici, l'abuso del telefonino e della sigaretta. A tracciare questo quadro «nervoso» è l'Osservatorio su «Microconflittualità e Intolleranza quotidiana», diretto da Renato Mannheimer per conto del Cdit (Centro di documentazione e informazione sul tabacco). Secondo due rilevazioni compiute a febbraio su 1015 italiani adulti e a novembre su 2358, emerge che gli italiani con livelli di irritazione alta e medio alta sono cresciuti del 15%, passando da 42 a 48 su 100.

In generale l'atteggiamento più aggressivo riguarda una popolazione più giovane, esso infatti è aumentato presso gli individui fra i 45 e i 54 anni, mentre prima erano più nervosi i 54 – 64enni. La ricerca ha appurato che i meno comprensivi nei confronti di chi guida male o ci supera in coda alle Poste o esibisce il malefico telefonino o ci fuma addosso, sono gli uomini (52 contro 45% di donne, soprattutto casalinghe). Curioso pure notare come la maggiore microconflittualità si verifichi tra pensionati e lavoratori autonomi, rispetto a dirigenti, impiegati, docenti, studenti e chi cerca la prima occupazione. La «piccola rissosità» nel 1994 si è accentuata nelle famiglie più numerose e nel Centro Italia, mentre più pacifici sono risultati i nuclei familiari con pochi membri, i residenti nel Nordest, seguiti da quelli del Nordovest, del Sud e delle Isole. «Ma il fattore discriminante – commenta il professor Mannheimer – risulta il livello di istruzione: i soggetti con titolo di studio limitato alla licenza elementare o media dimostrano maggior astio e fastidio. Al contrario, a elevati livelli di scolarizzazione (diploma superiore e laurea) corrispondono rapporti più pacifici e la propensione a mediare tra opposte esigenze o abitudini». Un dubbio coglie però il ricercatore Mannheimer su questo punto: «Forse i meno istruiti sono semplicemente più sinceri ...»

(da *Il Corriere della Sera*, 7/2/1995, ridotto)

Scrivete ...

a. di quanto è aumentata la percentuale degli italiani irritabili ____________

b. che età hanno gli italiani più irritabili ____________

c. la percentuale di uomini irritabili ____________

d. la percentuale di donne irritabili ____________

e. le categorie sociali più irritabili ____________

f. in quale zona d'Italia sono i nuclei familiari più pacifici ____________

g. in quale zona d'Italia sono i nuclei familiari meno pacifici ____________

LEZIONE 15

Come si dice computer in italiano?

(➪ 2)

1. Sostituite le parole o le espressioni in corsivo con le corrispondenti italiane elencate qui sotto, facendo attenzione agli opportuni cambiamenti.

a tempo pieno – campeggio – centro commerciale – compagno – dirigente – documentazione – festa – fine settimana – foglietto pubblicitario – pavimento di legno – riunione di lavoro – scampagnata – soggiorno di studio – vivere da soli

Prima Lucia lavorava solo tre giorni alla settimana, ma da quando ha cambiato ditta lavora full time. Adesso è assistente di un manager della IMEC, una ditta che produce parquet. Lucia oggi ha preparato un dossier per un meeting a cui parteciperà la prossima settimana e poi ha spedito dei depliant a diversi clienti. Lucia ha poco tempo libero e per fare la spesa va in uno shopping center che è aperto anche dopo le 8.00 di sera. Nonostante tutto Lucia è contenta del suo lavoro, anche perché ha la possibilità di partecipare a degli stage. Inoltre guadagna molto più di prima e non deve più accontentarsi di passare le vacanze al camping o di fare un picnic con gli amici la domenica. Adesso a volte passa un week-end a Londra o a Parigi oppure va a qualche party di amici. Lucia dice che per il momento non vuole avere un partner, e che per lei il fatto di essere single presenta diversi vantaggi.

(➪ 6)

2. Completate le frasi con le parole sottostanti.

autogrill – baby-sitter – break – check-in – drink – sandwich – show

a. Ieri non ho avuto il tempo di pranzare ed ho mangiato solo un _______________ .

b. Mi sono fermato a fare benzina in un _______________ .

c. Per guadagnare un po' di soldi mia figlia la sera a volte fa la _______________ .

d. Alle 11.00 ci sarà un _______________ di un quarto d'ora.

e. Alla mostra fotografica di Franco hanno offerto dei _______________ favolosi.

f. Lo _______________ televisivo di ieri sera è stato divertentissimo.

g. Si pregano i signori passeggeri in partenza per Damasco di presentarsi immediatamente al _______________.

(⇨ 10)

3. Leggete ancora una volta il testo di De Crescenzo a p. 196 del manuale e individuate, fra le tre possibilità offerte, quella che sostituisce le parole in corsivo.

a. I discepoli non se lo fecero dire due volte e s'inventarono *ipso facto* il primo linguaggio per *addetti ai lavori*.

(1)____________________________

(2)____________________________

b. Ippaso ... naufragò mentre cercava disperatamente di *prendere il largo*.

(3)____________________________

c. Dal linguaggio accademico al burocratese *il passo è breve*.

(4)____________________________

d. Il burocrate ... si è inventato tutta una serie di neologismi *atti a gettare il cittadino nel più nero sconforto*.

(5)____________________________

____

____

(1) immediatamente
inutilmente
ovviamente

(2) chi svolge un lavoro ben preciso
chi non capisce certi lavori
chi lavora con piacere

(3) allargare le sue conoscenze
allontanarsi via mare
prendere una nave più grande

(4) non è molto facile arrivarci
è difficile capire la storia
ci vuole poco

(5) che servono solo a far disperare il cittadino
che aiutano il cittadino a sperare
che non promettono niente al cittadino

4. A volte in italiano, come pure in altre lingue, si usano dei termini latini. Qui sotto trovate delle coppie formate da un'espressione italiana e dalla corrispondente latina. Inserite l'una o l'altra, a vostra scelta, nelle frasi che seguono, premettendo eventualmente l'articolo necessario.

a pari merito / ex aequo   migliore / non plus ultra   in provetta / in vitro

all'ultimo momento / in extremis   modo di vedere / forma mentis

errore / lapsus   appunto / pro memoria

a. La nostra squadra è riuscita ________________________ a segnare il gol della vittoria.

b. Signorina, sulla mia scrivania c'è un ________________________ con le cose da sbrigare entro stasera.

c. I pareri sulla fecondazione ________________________ sono molto contrastanti.

d. Il premio è stato assegnato ________________________ a due candidati.

e. Questo è il ________________________ fra i vini che ho in cantina.

f. Oh, scusa, è stato un ________________________ .

g. Io penso che ________________________ di uno scienziato sia necessariamente diversa da quella di un teologo.

(⇨ 14)

5. Raffaele Simone nel suo «Libro d'italiano» ci parla dell'italiano regionale.

Malgrado le apparenze, la 'lingua italiana' non è una sola per tutti gli italiani. Tanto il piemontese quanto il siciliano, quanto il fiorentino e il marchigiano possono saper parlare 'italiano': ma l'italiano parlato dal piemontese è per molti aspetti diverso da quello parlato nelle altre regioni, e viceversa. Una prima differenza si ha nei suoni: la pronuncia del piemontese che parla italiano non è la stessa del romano; quella del romano non è la stessa del siciliano, e via discorrendo. Nei suoni, la differenza fra un tipo e l'altro di italiano è più chiaramente avvertibile. È infatti in base alla pronuncia che riusciamo a dire qual è la zona d'Italia da cui proviene una certa persona. (...) Nella zona romagnola ed alto-marchigiana, ad esempio, la *c* e la *g* seguite da *i* o *e* vengono pronunciate come qualcosa di analogo a *z* : *dolze* e non *dolce*, *forbizi* e non *forbici*, *corazzio* e non *corraggio*. La *s* seguita da *e* o *i* diventa qualcosa come *sc*: *sci* e non *sì*, *scera* e non *sera*, nell'italiano di quasi tutto il Nord. E i romani, anche loro hanno una fonetica italiana particolare. Diranno *te credo* invece di *ti credo*, *me so'stancato* invece di *mi sono stancato*, la *guera* invece di la *guerra*.

Ma questo è vero anche per le parole: quel che a Roma si chiama *erbetta* altrove si chiama *prezzemolo*; quel che a Roma si chiama *pedalino* altrove si chiama *calzino*; quel che in Sicilia si dice *sconoscere* altrove si dice *ignorare*, quella che a nord è la scatola a sud è *lo scatolo*, quello che a nord è *il cacio* a sud è *il formaggio*, quel che in alcune zone si chiama *scamorza* altrove si chiama *mozzarella*, altrove ancora *fiordilatte*. (...)

E infine, cambia anche la sintassi, cioè la collocazione delle parole nella frase: sappiamo tutti che nel Salento o in Sicilia le frasi interrogative si costruiscono mettendo il soggetto dopo il verbo: non si dirà allora *è venuto*? ma *venuto è*; analogamente in Sicilia non si usa la distinzione tra passato prossimo e passato remoto, in quanto le azioni passate vengono espresse tutte al passato remoto, senza tener conto della quantità di tempo che sta fra l'azione riferita e il momento in cui si parla. Così non si dirà *Giovanni è venuto un'ora fa*, ma *Giovanni venne un'ora fa*. Eppure si tratta sempre di frasi 'italiane'. (...). Che cosa vuol dire tutto questo? Anzitutto una cosa, che, se può sembrare strana, è tuttavia vera, cioè: la 'lingua italiana' non è uguale per tutti. Non esiste una sola lingua italiana, ma esiste una varietà, una molteplicità di lingue le quali, pur essendo per molti aspetti diverse l'una dall'altra, sono comprensibili tra loro.

GLOSSARIO

RICOMINCIAMO

①
il calcio ____________

③
la compagna di banco ____________
legati alla nuca ____________
la nuca ____________
il nastro ____________
sorridere ____________
intravedere ____________
irregolare

LEZIONE 1

①
il postino ____________
il ladro ____________
l'incidente (*m.*) ____________

②
il barbiere ____________
il parrucchiere ____________
il ferramenta ____________
il fornaio ____________
il fruttivendolo ____________
il macellaio ____________
il salumiere ____________
il chiodo ____________
il sarto ____________
il vinaio ____________

③
stare male ____________
ammalarsi ____________
visitare ____________
fare la spesa ____________
fermarsi ____________
il semestre ____________

④
interrompere ____________
andare a rispondere ____________
toccare ____________
il cavo elettrico ____________
per fortuna ____________
gridare ____________

⑤
il ricercato ____________
il bandito ____________
la Cassa di Risparmio ____________

⑥
l'invitato ____________
il vestito ____________
il velo ____________
lo scherzo ____________
attaccare ____________
la lattina ____________
il rumore ____________
la risata ____________
la cerimonia ____________
il ricevimento ____________
le nozze ____________
l'orchestra da camera ____________
la serata ____________

⑦
grasso ____________
veloce ____________
la talpa ____________
la lumaca ____________
il razzo ____________
la rosa ____________

⑧
stanco ____________
annoiato ____________
antipatico ____________
efficiente ____________
faticoso ____________
robusto ____________

⑩
il fabbro ____________

⑪
a causa di ____________
mettere ____________
puntare ____________

⑫
il vecchietto ____________
pentirsi ____________
impietosirsi ____________
la mancia ____________
l'autista (*m./f.*) ____________
sentire ragioni ____________
minacciare ____________
sottrarre ____________

il tassista ______
cercare di ______
dissuadere ______
la lacrima ______
la condizione economica ______
via radio ______
notte fonda ______
avvicinarsi ______
precedente ______
analogo ______
estrarre ______
ordinare ______
consegnare ______

⑬
la nebbia ______
portare ______
in un primo momento ______

⑭
noioso ______
dare un esame ______
la febbre ______
restituire ______

⑯
successivo ______

⑰
salire ______
pieno ______
calmare ______

LEZIONE 2

①
il luogo di produzione ______
noto ______
il marchio ______
la denominazione di origine controllata e garantita ______
la zona ______
dirigersi verso ovest ______
amare ______
l'arte (*f.*) ______
l'edificio storico ______
ammirare ______
riprendere la 146 ______
è d'obbligo ______
la bottega ______
il prodotto ______
numeroso ______
di passaggio ______
gustare ______
la fortezza ______

②
sporgersi ______
comportarsi ______

③
l'adunata ______
la marcia ______
l'esercitazione (*f.*) ______
mortalmente ______
la caserma ______

④
a est ______
Est ______
confinare ______
la sua costa è bagnata ______
la costa ______
bagnare ______
Nord ______
a nord ______
a sud ______
Sud ______
separare ______
il tratto ______

⑤
isolato ______
d'inverno ______

⑥
il distributore ______
il supermercato ______
spendere ______

⑩
leggero ______
danno un film ______
il mocassino ______

⑪
il rifugio ______
la meraviglia ______
la cima ______

il faggio ______
limpido ______
la tutela ______
nel cuore di ______
Magna Grecia ______
consentire ______
la località ______
bizantino ______
normanno ______
orientaleggiante ______
tessuto a telaio ______
tessere ______
il telaio ______
il ricamo ______
il bivio ______
successivamente ______
l'amante (*m.* / *f.*) ______
munito ______
la stradella ______
risalire ______
a zig zag ______
il percorso ______
percorrere ______
da favola ______
la favola ______
silano ______
la scorpacciata ______
frittelle di fiori di zucca ______
la salsiccia ______
il cinghiale ______
annaffiato ______

⑬
la sedia a sdraio ______
l'ombrellone (*m.*) ______
duro ______

LEZIONE 3

②
crescere ______

⑤
in ogni caso ______
prendere un appuntamento ______
il commercialista ______
la busta ______

⑥
il rappresentante ______
venire a prendere ______
lo stand ______
la fiera ______
contare di ______
l'espansione (*f.*) ______
essere presente ______
convincente ______
recarsi ______
la fabbrica ______
preciso ______
l'impressione (*f.*) ______

⑦
l'oroscopo ______
la soddisfazione ______
il segno ______
la prospettiva ______
sul piano finanziario ______
le cose si metteranno nel migliore dei modi ______
l'opposizione (*f.*) ______
Saturno ______
legarsi ______
in modo stabile ______
la gelosia ______
il transito ______
Marte ______
rendere ______
il rapporto ______
sensibilmente ______
riallacciare ______
l'amicizia ______
riservare ______
moderarsi ______
la digestione ______
la luna ______
capriccioso ______
la primavera ______
appartenere ______
la previsione ______
l'Ariete (*m.*) ______
la pace ______
il Toro ______
una salute di ferro ______
i Gemelli ______
il Cancro ______
tentare ______

la speculazione economica ____
il Leone ____
Oddio! ____
aggressivo ____
la Bilancia ____
la delusione ____
lo Scorpione ____
la relazione ____
il Sagittario ____
il dente ____
il Capricorno ____
l'Acquario ____
i Pesci ____
il conto ____

⑧
il quadrimestre ____
il voto ____
mandare ____
garantire ____

⑪
la minigonna ____
licenziata in tronco ____
licenziare ____
sorridente ____
l'infortunio ____
il ginocchio ____
indossare ____
il pretore del lavoro ____
l'incontro fra le parti ____
affidare ____
slanciato ____
il / la titolare del locale ____
suggerire ____
la maniera ____
apprezzare ____
l'avvenenza ____
tutto è andato liscio ____
procurarsi ____
gonfiare ____
l'ematoma (*m.*) ____
nascondere ____
la fasciatura ____
di fronte a ____
il rifiuto ____
la vicenda ____
intervenire ____
il comitato parità ____
il Ministero del Lavoro ____
la motivazione ____
non stare in piedi ____
il diritto ____
nulla ____
l'esibizione (*f.*) ____
attributi personali ____
l'episodio ____
degno ____
civile ____
per quanto riguarda ____
l'esercizio ____
la qualità ____
viene da chiedersi ____
la ferita ____
condannare ____
il licenziamento ____

LEZIONE 4

①
il dizionario ____
il giornalaio ____

②
ridare ____

④
il cioccolatino ____

⑤
la matita ____
la cassetta della posta ____

⑥
offeso ____
aumentare ____
come al solito ____
Come fa Mario a vivere ...? ____

⑦
promettere ____
fare arrabbiare ____
la pelliccia ____

⑧
convincere ____
la promessa ____
la dichiarazione d'amore ____
la novella ____
stirare ____

⑨

lo specchio

⑩

fare a meno di qc.
l'avventura
orribile
grazioso
circondato
delizioso
costruire
il municipio
distruggere
l'armonia
nevicare
un vento che ti entrava nelle ossa
l'osso (*pl.* le ossa)
terribile
la buca
disperato

⑬

lasciare
sentire

⑭

lo stormo
la collezione
la raccolta
il servizio
il mucchio

⑮

tifare
prediligere
il capitolo
rigorosamente
realizzata
di età compresa tra
inseriti nel mondo della scuola
dichiararsi
lettore abituale
il maschio
la femmina
la media
riequilibrarsi
calcolare
il consumo
coinvolgere
consumare
l'impatto
prevalere
legato
l'ideologia dell'intrattenimento
il passatempo
alla stregua di
la telenovela
la discoteca
per questo motivo
decisivo
il processo di formazione
sfogliare
il sondaggio

LEZIONE 5

①

il motociclista
passare con il rosso

②

seguire corsi per corrispondenza
affermare
il ministro

④

il veicolo

⑤

il conducente
distrarsi
sbagliare strada

⑦

rimanere coinvolto
la denuncia di sinistro
constatazione amichevole
informare
trovarsi alla guida
l'autovettura
targato
subire
la dichiarazione
allegare
il mattino
inattivo
accingersi

superare ____________
suddetto ____________
domiciliato ____________
provenire ____________
opposto ____________
a velocità sostenuta ____________
la velocità ____________
voltare ____________
preventivamente ____________
segnalare ____________
urtare ____________
violentemente ____________
la fiancata ____________
il testimone ____________
residente ____________
resto in attesa ____________
la comunicazione ____________
a riguardo ____________
per quanto concerne ____________
la visita ____________
il perito ____________
il risarcimento ____________
grave ____________
notevole ____________

⑧

andare a prendere ____________
verso ____________
litigare ____________
il proprietario ____________
ammettere ____________

⑨

l'anagramma (*m.*) ____________
comparire ____________

⑩

intenso ____________
il mezzo motorizzato ____________
complessivo ____________

⑪

tamponare ____________
il rapinatore ____________
l'ambulanza ____________

⑫

la casa di cura ____________
l'hostess (*f.*) ____________
assegnare ____________
sottoporre ____________
accurato ____________
prescrivere ____________
personalizzato ____________
l'attività ginnica ____________
all'aperto ____________
sotto la guida ____________
specializzato ____________
l'attività ricreativa ____________
avere modo di ____________
fare amicizia ____________

⑬

sbandare ____________
abbattere ____________
il chiosco ____________
spettacolare ____________
la cilindrata ____________
finire fuori strada ____________
in via d'accertamento ____________
all'altezza del numero civico ... ____________
evidentemente ____________
ingovernabile ____________
centrare ____________
Enel (Ente Nazionale Energia Elettrica) ____________
accadere ____________
immediatamente ____________
intervenire ____________
il soccorso ____________
i vigili del fuoco ____________
medicare ____________
il nucleo Radiomobile ____________
disciplinare ____________
ripulire ____________

LEZIONE 6

⑧

somigliarsi ____________
paziente ____________
sgarbato ____________
ammirevole ____________
proibito ____________
spesso ____________

⑩

curioso ____________
venire a trovare ____________
il mistero ____________

⑫
la comprensione ____________
il compromesso ____________
il dovere ____________
il riposo ____________
viziato ____________

⑬
tollerante ____________

⑭
il pensionato ____________
lo stabile ____________
il grido (*pl.* le grida) ____________
saltare su ____________
la maleducazione ____________
generare ____________
il chiasso ____________
decente ____________
fare comodo ____________
risparmiare ____________
l'alibi (*m.*) ____________
la pigrizia ____________
urlare ____________

⑮
il conservatorio ____________
il laureando ____________
la musicologia ____________
la nota ____________
autentico ____________
la molestia acustica ____________
il martellamento ai timpani ____________
il timpano ____________
adeguato ____________
la protezione sonora ____________
l'accusa ____________
sostenere ____________
il condomino ____________
il tribunale ____________
risalire ____________
il pianoforte a coda ____________
seminare zizzania ____________
amareggiato ____________
lottare ____________
a tutto volume ____________
importare ____________
il regolamento condominiale ____________
non esserci verso di ____________
l'accordo ____________
mingherlino ____________
assolvere ____________
rilevare ____________
l'impossibilità ____________
condannare ____________
addio ____________
la lamentela ____________
il seminterrato ____________
sensibile ____________
affittare ____________
progettare ____________
la babele ____________
il fidanzato ____________
il batterista ____________

LEZIONE 7

④
modesto ____________
miliardario ____________
il miliardo ____________
nuovo fiammante ____________
il titolo ____________

⑦
l'arnese (*m.*) ____________

⑧
pessimista ____________
il mercato delle pulci ____________
minuscolo ____________
la macchia ____________

⑩
parere ____________

⑪
il pericolo ____________

⑫
i Caraibi ____________

⑯
maledetto ____________
fare di testa propria ____________

⑰
il diario ____________
la supplenza ____________
l'elenco ____________
il registro ____________

di tanto in tanto ______
state buoni ______
l'analisi grammaticale ______
persino ______
tramontare ______
l'allieva ______
la letteratura ______
misteriosamente ______
mettersi a cavillare ______
spacciare ______
intendersi ______
il tono ______
la comunicazione giudiziaria ______
comporsi ______
nel corso di ______
economia e commercio ______
MSI (Movimento Sociale Italiano) ______
dirsi intenzionato a ______
denunciare ______
altro che storia della letteratura! ______
il tomo ______
la familiarità ______
scandalizzarsi ______
peccato! ______
il distacco ______
tagliare corto ______
mettere sullo stesso piano ______
ribattezzarsi ______
che diavolo è ______
contare ______

LEZIONE 8

②
esserci a disposizione ______

④
la benzina ______
ritirarsi ______

⑥
essere disposto a ______
permettersi ______
fare due passi ______
intendersi di ______
di seconda mano ______

⑦
stressato ______

⑧
il parco giochi ______

⑨
situato ______
metterci ______
il miracolo ______
l'aria ______
irrespirabile ______
girare ______
invano ______

⑩
senese ______
contemporaneo ______
comporre ______
il sonetto ______
il dialetto ______
il secolo ______
bruciare ______
sconvolgere ______
imbrogliare ______

⑪
ritirare ______

⑬
la commedia ______

⑭
scopare ______
il pavimento ______
passare lo straccio ______
lavare i piatti ______
battere i tappeti ______
spolverare ______
mi gira la testa ______

LEZIONE 9

②
la carta ______

③
dimostrare ______
l'aumento di stipendio ______
andare in pensione ______
il registratore ______
il guasto ______

④
la quota ______

⑤

- cadere
- la pressione delle gomme

⑥

- aderente
- affacciato alla finestra
- accaldato
- dimagrire
- la palestra
- sentirsi in possesso
- il corpo
- lo sforzo
- eliminare
- la tossina
- scivolare
- da un pezzo
- l'effetto
- decisivo
- la foglia di menta
- rovinare

⑦

- diretto a
- il proposito
- santo
- studioso
- ubbidiente
- fare i capricci
- soffrire
- mantenere
- il rimprovero

⑧

8 prendere parte a
- rendere
- la tenda

⑩

- la prescrizione
- l'alba
- rilassante
- il tuffo

⑪

- togliersi
- mite
- chic
- staccare
- provocare
- lo scherzo
- offendersi

⑫

- la dieta dissociata
- la dieta del fantino
- la dieta punti
- l'enciclopedia
- la tabella calorica
- l'istante (*m.*)
- la caloria
- la molecola
- la fitta
- il nemico
- combattere
- l'adipe (*m.*)
- il rotolino di ciccia
- strampalato
- a volontà
- il convento
- la vocazione
- la tentazione
- il babà al rum
- la spaghettata
- osceno
- l'orgoglio
- il sacrificio
- sforare
- la calcolatrice
- conteggiare
- sottrarre
- il metabolismo
- collaborare
- il laboratorio
- la centrifuga
- dimagrante
- l'oltranzista
- la cyclette
- il massaggio
- la liposuzione (*f.*)
- l'ozono
- che siano i gianduiotti
- il gianduiotto
- divorare
- faticare

⑬

- pesare
- vergognarsi
- snello

LEZIONE 10

①

addobbato ______
alla perfezione ______
il tight ______
impeccabile ______
lo scambio ______
il lancio ______
lanciare ______
distribuire ______
l'argento ______

②

sciogliere ______
la compressa ______
il modulo ______
in caratteri stampatello ______
lavare a secco ______
per via aerea ______
da capo ______
girare ______
la delicatezza ______

③

cremoso ______
la macchinetta espresso ______
denso ______
una sorta di ______
restante ______

④

il vescovo ______
il tailleur ______
il genere ______
andare in tilt ______
il fenomeno ______
la procuratrice legale ______
casertano ______
sul serio ______
il tulle ______
il diametro ______
trasportare ______
il trattore ______
trainare ______
la via principale ______
l'ordine ______
mora ______
occhi a mandorla ______
il rappresentante di commercio ______

non essere da meno ______
l'altare (*m.*) ______
il completo ______
blu cobalto ______
il fardello ______
eccentrico ______
cristiano ______
lo sfarzo ______
aspro ______
da tempo ______
dare disposizione ______
la parrocchia ______
la diocesi ______
consentire ______
fare una cosa sgradita ______
la luna di miele ______
sono dispiaciuto ______
chiarire ______
monsignore ______
cattolico ______
replicare ______
impedire ______
l'atelier (*m.*) ______
accontentare ______
il carattere ______
superstizioso ______

⑧

unificare ______

⑩

nobile ______
la morte ______
l'opera in versi ______
il verso ______
la prosa ______
ricoprire una carica ______
la carica ______
seppellire ______

⑪

l'organista (*m./f.*) ______
il successo ______
rappresentare ______
la composizione ______
associato ______
il Risorgimento ______
la rivoluzione ______
segnare un trionfo ______
la rappresentazione ______

commissionare ______
l'apertura ______
in seguito ______
lasciare in eredità ______
l'eredità ______
i beni ______
il / la cantante ______
bisognoso ______
essi ______
la casa di riposo ______

⑫
malato ______
lo scopo ______
scontento ______

⑬
pubblicare ______
la medicina ______
il tranquillante ______
il risparmiatore ______
l'imprenditore ______
la posizione di responsabilità ______
competitivo ______
il corso di riqualificazione professionale ______
votare ______
intontito ______
voyeur ______
iperteso ______
a giudicare da ______
il sedativo ______
la confezione ______
lo stupefacente ______
il consumo ______
la cicala ______
calare ______
attirare ______
tutelare ______
individuale ______
la microcriminalità ______
disporre ______
antifurtoauto ______
la porta blindata ______
l'innovazione ______
la flessibilità ______
riconoscere ______
il sesso ______
l'autorità ______
gradire ______
l'intervento ______
la questione ______
l'etica ______
sessuale ______
dichiararsi ______
contrario ______
la presa di posizione ______
l'insegnamento ______
malgrado ______
la crescita zero ______
il valore ______
superato ______
quello che conta ______
la gratificazione professionale ______
il posto fisso ______
l'epoca ______
essere al tramonto ______
il tramonto ______
la formazione ______
riqualificarsi ______
la politica ______
l'identità ______
di volta in volta ______
drasticamente ______

LEZIONE 11

①
gli è venuta la febbre ______
fermo ______

②
venire incontro ______
minimo ______
lo sconto ______

③
la stampa ______

④
alzare la voce ______
prestare attenzione ______

⑤
giusto ______

⑥
la proposizione relativa ______
capitare ______

tollerare
il servizio igienico
essere presente
a suo modo

⑦

derubare
aggredire
invecchiare
ammalarsi
l'ansia
il personaggio famoso
quotidiano
l'aggressione (*f.*)
verbale
l'attacco
disarmato
lo scippo
pauroso
la malattia
lo / la stilista
il malintenzionato
reputarsi
codardo
intimo
il punto di riferimento
fondamentale
banale
il pubblicitario
autonomo
generico
sardo
depresso
materno
reagire
virilmente
il criminale
la vecchiaia

⑧

in presenza di
assurdo

⑨

il passaggio
sognare
provenire
il pianterreno

⑩

fare buio
il buio
comporre il prefisso

⑪

esporsi
il latte solare
sorpassare

⑫

il complice
evidente
è indubbio che

⑬

lasciare in pace
il maleducato
stavolta
rivolgere la parola
furioso
lasciare stare

⑭

lo pseudonimo
montare
la carrozzeria
la macchinetta utilitaria
il vestituccio
il castoro
il paltoncino da sbarco
l'alamaro
il cappuccetto
privilegiato
il profumo
la gioia
foderato
fare un cenno
la festicciola
avere luogo
il bigliettaio
a testa bassa
spiegare
ciancicato
il portamonete
avvolto
carezzevole
la mimosa
profumare
stordire
sbaffare
la polverina

accenare
compreso
appoggiarsi
il sedile
più in là
appeso
a ridosso
voltare le spalle
al solito
fare finta
passare avanti
sospirare
ohimè
togliere
cacciare
ma vedi fatalità
la fatalità
il biglietto d'invito
avviarsi
al ladro!

LEZIONE 12

①
il commento politico
il telegiornale
i film dell'orrore
la violenza

②
osservare
il dischetto
il seminario

③
tenero

④
la pollinosi
la società industrializzata
riscontrare
nonostante
vi siano
manifestare
la manifestazione
convivere
il disturbo
affliggere
l'orticaria
l'eczema (*m.*)
la rinite
la congiuntivite
occhi lacrimanti
l'asma (*m.*)
tracciare
l'identikit (*m.*)
in prevalenza
gli affetti
il sesso femminile
separato
divorziato
la pubblica amministrazione
la dermatite atopica
lo sviluppo
per poi passare
l'intolleranza alimentare
lo scolaro
lo scienziato
resta il fatto
costante
tale
recente
il gas di scarico
in particolare
l'ipotesi (*f.*)
il sofferente
spontaneamente
l'adolescenza

⑤
la bugia
venire a sapere
il portabagagli
il mal di gola
il confine

⑩
obeso
il camice
il pizzetto
la palma
la sabbia
essere in vena
cogliere
il filo d'erba
mantenere
la frittata
l'erba aromatica

la vergogna ______
parco ______
la pinguedine ______
la limonata ______
rinfrescare ______
l'intestino ______
la pazzia ______
sputare ______
perentorio ______
sentenziare ______
l'acqua gassata ______
a punta ______

⑫
far brutto tempo ______

LEZIONE 13

③
superare l'esame ______
emigrare ______

④
vendicare ______
ambizioso ______
affondare ______
innamorarsi ______

⑤
metterci ______
cambiare ______
il cambio ______
l'espresso ______

⑥
diviso ______
la noia ______
fare la conoscenza ______
avere un diavolo per capello ______
il diavolo ______
il servizio di sport ______
mischiato ______
la folla ______
essere felice come una Pasqua ______
la squadra ______
dimostrarsi ______
disponibile ______
il consiglio di amministrazione ______
perdere la testa ______
del resto ______
raramente ______
ridicolo ______
attaccare il telefono in faccia ______
il prato ______
il paesaggio ______
respirare ______
le storie ______

⑦
piovere a dirotto ______

⑧
pallido ______
essere in pensione ______
il consolato ______
la gioventù ______
la scuola guida ______
prendere la patente ______
la ricetta medica ______
il sonnifero ______

⑩
Che puzza di bruciato! ______
la puzza ______
fare la pasta scotta ______
il patrimonio ______

⑪
mi trovo costretto ______
riassumere ______
u.s. (ultimo scorso) ______
suddetto ______
la caparra ______
provvedere ______
saldare ______
l'importo ______
fare presente ______
la casa bifamiliare ______
pur non potendoLe ______
descrivere ______
il disagio ______
provare ______
rendersi conto ______
infondato ______
sito ______
il cantiere edile ______
l'andirivieni (*m.*) ______
il decimo ______
prendere in considerazione ______

il rimborso ____________
sostenere delle spese ____________

⑫
accontentarsi ____________
l'assenza ____________
fare la voce grossa ____________
la battuta ____________
innocente ____________
can (cane) ____________
mordere ____________
la lingua ____________
la gallina ____________
dipingere ____________
pigliare ____________
il topo ____________

⑬
il modo di dire ____________
alla lettera ____________
letteralmente ____________
identificare ____________
il corrispettivo ____________
laurearsi in legge ____________
apparire ____________

⑭
il ciccione ____________
contrastato ____________
il riflesso ____________
lo schermo ____________
il videodipendente ____________
osservare ____________
la malattia degenerativa ____________
accentuare ____________
la sedentarietà ____________
impedire ____________
innocuo ____________
il soggetto geneticamente predisposto ____________
scatenare ____________
epilettico ____________
ripiegare ____________
il videoregistratore ____________
addestrato ____________
illuminato ____________
riflettere ____________

LEZIONE 14

①
entusiasta (*pl.*entusiasti) ____________

②
la buccia ____________
farsi la barba ____________
la curva ____________

④
retorico ____________
la frana ____________
il trombone ____________
il pallone ____________
gonfiare ____________
la peste ____________
Gesù Bambino ____________

⑥
convenire ____________
l'investimento ____________

⑦
il mozzicone di sigaretta ____________
per terra ____________

⑧
ferirsi ____________
prendere l'influenza ____________
perdersi ____________
la pianta della città ____________
fare la fila ____________
lo sportello ____________
svegliare ____________

⑨
a voce bassa ____________
la paletta ____________
il sacchetto ____________

⑩
il telefonino ____________
la lite ____________
vedersi come il fumo negli occhi ____________
la microconflittualità ____________
istruito ____________
autonomo ____________
irritante ____________
contribuire ____________
altrui ____________

l'abuso ______________________
per conto di ______________________
la rilevazione ______________________
compiere ______________________
emergere ______________________
l'irritazione (*f.*) ______________________
l'atteggiamento ______________________
esso ______________________
l'individuo ______________________
appurare ______________________
nei confronti di ______________________
malefico ______________________
il / la dirigente ______________________
il / la docente ______________________
la prima occupazione ______________________
la piccola rissosità ______________________
pacifico ______________________
il nucleo familiare ______________________
il membro ______________________
il fattore discriminante ______________________
il titolo di studio ______________________
l'astio ______________________
elevato ______________________
il livello di scolarizzazione ______________________
la propensione ______________________
mediare ______________________
cogliere un dubbio ______________________
il ricercatore ______________________

LEZIONE 15

①
l'assistente (*m./f.*) ______________________

④
sbrigare ______________________
la fecondazione ______________________
assegnare ______________________
il candidato ______________________

⑤
l'apparenza ______________________
per molti aspetti ______________________
via discorrendo ______________________
avvertibile ______________________
la pronuncia ______________________
analogo ______________________
le forbici (*pl.*) ______________________
la fonetica ______________________
il prezzemolo ______________________
il calzino ______________________
la sintassi ______________________
la collocazione ______________________
la frase interrogativa ______________________
la distinzione ______________________
in quanto ______________________
tener conto ______________________
la varietà ______________________

SOLUZIONI

RICOMINCIAMO!

1. **a.** Di dove **b.** Quanti **c.** A che età **d.** Che **e.** Perché **f.** Da quanto tempo **g.** Come **h.** Qual **i.** Dove

2. **a.** pochi **b.** da piccola **c.** vecchio **d.** vecchio/anziano **e.** sposati **f.** vicini **g.** diverso

3. alta - bella - capelli - biondi - lunghi - celeste - occhi - azzurri - grandi - vivaci - chiarissima - fronte - ampia - naso - piccolo - labbra - sottili - piccoli - denti - bianchi - irregolari

LEZIONE 1

1. **a.** Mentre Mario tornava a casa, ha incontrato Giulia.
   b. Mentre tornavamo a casa, abbiamo comprato il giornale.
   c. Mentre i ragazzi giocavano, è arrivato il professore.
   d. Mentre io dormivo, sono entrati i ladri.
   e. Mentre facevo la doccia, ho sentito suonare il telefono.
   f. Mentre Luisa parlava al telefono, il gatto si è mangiato la carne.
   g. Mentre andavo al lavoro, ho visto un incidente.

2. **a.** dal salumiere **b.** dal macellaio **c.** dal barbiere/parrucchiere **d.** dal fornaio **e.** dal calzolaio **f.** dal vinaio **g.** dal sarto **h.** dal ferramenta **i.** dal fruttivendolo

3. **a.** si è rotto – ho telefonato
   b. funzionava – ho telefonato
   c. stava – ha chiamato
   d. si è ammalata – ha chiamato
   e. ho incontrato – siamo andati
   f. ho incontrato – faceva
   g. tornava – ha avuto
   h. si è fermato – ha avuto
   i. abbiamo guardato – siamo usciti/e
   j. è venuta – guardavamo
   k. studiavo – ho ricevuto
   l. ha vinto – ha passato

4. **a.** sta per partire **b.** sto parlando **c.** stavo per comprargli **d.** stavo facendo **e.** stavo per chiamarti **f.** stavo per fargli **g.** stavo per toccare

5. (1) alto (2) magro (3) lunghi (4) i baffi (5) scuro (6) a righe (7) neri (8) delle scarpe da ginnastica

6. ti ho telefonato – ti ho trovata – hai fatto – Sono andata – si sono sposati – c'erano – erano – erano – aveva – aveva – stavano – C'erano – hanno fatto – erano – sono usciti – hanno attaccato – sono partiti – siamo andati – c'era – andavano – venivano – offrivano – c'era – suonava

7. magro come un chiodo; fresco come una rosa; bello come il sole; cieco come una talpa; lento come una lumaca; veloce come un razzo

8. **a.** di **b.** che **c.** di **d.** come/quanto **e.** che **f.** quanto/come **g.** che

9. **1** chiavi **2** lenzuolo **3** barba **4** catenina **5** giaccone **6** cognac **7** occhiali **8** pistola → *coraggio*

10. niente – è successo che – E allora – tra l'altro – E così

11. è capitato – si è rotta – è andato – ha suonato – ha aperto – si è chiusa – ha cominciato – aveva – era – portava – aveva – ha capito – stava – ha messo – si è spaventato – ha aperto – ha tirato – l'ha puntata – gli ha detto – era – l'ha dato – ha smesso – ha capito – era – ha aperto – l'ha fatto – è entrato – aveva – era – era – sono andati – hanno preso

12. È successo di fronte ...
    Ad un certo punto ...
    L'anziano ha cercato ...
    Ma Delle Donne ...
    Il tassista però ...

13. **a.** volevamo – c'era – abbiamo dovuto
    b. sono andato/a – volevo – ne ho vista – ho deciso – mi ha detto – costava – ho preferito
    c. pensava – ha vinto – ha studiato – si è potuto
    d. sono passato – volevo – ha accettato – ha saputo – c'era – è voluta – ci sono andato

14. **a.** Finché **b.** Finché non **c.** Finché non **d.** finché **e.** finché non **f.** finché **g.** finché **h.** finché non **i.** Finché

15. **a.** Ho portato la mia macchina dal meccanico perché non funzionava.
    Siccome la mia macchina non funzionava l'ho portata dal meccanico.
    b. Sono rimasta a casa perché stavo male.
    Siccome stavo male, sono rimasta a casa.
    c. Ho perso il treno perché sono arrivato tardi.
    Siccome sono arrivato tardi, ho perso il treno.
    d. Ora sto male perchè ho mangiato troppo.
    Siccome ho mangiato troppo, ora sto male.
    e. Adesso non so come entrare in ufficio perché ho dimenticato le chiavi a casa.
    Siccome ho dimenticato le chiavi a casa, adesso non so come entrare in ufficio.
    f. Ho aperto la finestra perché avevo caldo.
    Siccome avevo caldo, ho aperto la finestra.
    g. Sono andato a letto perché avevo sonno.
    Siccome avevo sonno, sono andato a letto.
    h. Ho buttato il vino perché era cattivo.
    Siccome il vino era cattivo l'ho buttato.
    i. Non sono venuto alla festa perchè avevo un fortissimo mal di testa.
    Siccome avevo un fortissimo mal di testa, non sono venuto alla festa.
    j. Abbiamo dovuto chiamare il soccorso stradale perché siamo rimasti senza benzina in mezzo all'autostrada.

Siccome siamo rimasti senza benzina in mezzo all'autostrada, abbiamo dovuto chiamare il soccorso stradale.

k. Oggi ho dovuto fare le pulizie da sola perché la colf non è venuta.
Siccome oggi la colf non è venuta, ho dovuto fare le pulizie da sola.

l. I giornali non sono usciti perché c'era sciopero.
Siccome c'era sciopero i giornali non sono usciti.

16. **a.** così **b.** Quando **c.** Siccome **d.** perché **e.** Finché non **f.** mentre **g.** Finché

17. sono andato – c'era – sono arrivato – stava – sono riuscito – era – ho dovuto – ho trovato – c'era – sono entrato – stava – si è svegliato – ha cominciato – aveva – voleva – ha dato – ero – dovevo – preoccupava – sono uscito

LEZIONE 2

1. si prende – si esce – ci si immette – ci si dirige – si passa – si arriva – si sale – si ammira – si arriva – ci si ferma – si riprende – si arriva – si visita – si fa – si riprende – ci si dirige – si gira – si continua – si gira – si è – si gusta – ci si riposa

2. **a.** In campeggio si va a dormire tardi e ci si alza presto.
b. In campagna ci si riposa proprio bene e non ci si annoia mai.
c. Non ci si deve vantare delle cattive azioni, ma di quelle buone.
d. In treno non ci si deve sporgere dal finestrino.
e. Per avere informazioni ci si può rivolgere in segreteria.
f. Non ci si dovrebbe comportare così davanti ad un bambino!
g. Dopo una malattia così lunga ci si deve riguardare un po'.

3. ci si sveglia – ci si lava – ci si veste – si fanno – si mangia – ci si riposa – si va – ci si annoia – si può – si può – ci si diverte – si va – ci si addormenta

4. **a.** Friuli – Venezia Giulia **b.** Liguria **c.** Puglia **d.** Umbria **e.** Lombardia **f.** Sardegna **g.** Molise **h.** Trentino – Alto Adige **i.** Piemonte **j.** Campania **k.** Sicilia **l.** Toscana

5. **a.** 3 **b.** 1 **c.** 2 **d.** 8 **e.** 6 **f.** 5 **g.** 7 **h.** 4

6. **a.** Se prendete **b.** Andando **c.** Se partite **d.** Passando **e.** Se continuate **f.** Facendo **g.** Premendo

7. tranquillità – solitario – monte / montagna – silenzioso – sci – confortevole – natura – nazionale – fauna – protetto – geografia

8. **a.** mont*uosa* – scii*stiche* **b.** confort*evoli* **c.** nazion*ale* – prot*etta* **d.** faun*istici* **e.** solit*aria* **f.** mont*ane* **g.** geogr*afica*

9. intatta – immense – rari – profonde – moderne – confortevoli – antica

10. **a.** di – da **b.** da **c.** di **d.** di **e.** da – di **f.** di **g.** di – da

11. **1** cima **2** famoso **3** frittella **4** scorpacciata **5** cinghiale **6** stradella **7** ricamo → *Corrado*

1 faggi **2** telaio **3** bivio **4** valle **5** trekking **6** rosso → *Alvaro*

12. idea – turisti – mare – albergo – panorama – camera – pensione – pesce – granito – fritto – odore – cena – gelato – zanzare – soldi

LEZIONE 3

1. Per piacere – in riunione – più tardi – preferirei – un messaggio – Le passo – Attenda

2. **a.** dei quali **b.** alla quale **c.** per la quale **d.** nel quale **e.** con il quale **f.** sul quale **g.** per i quali **h.** nella quale

3. parlare: parlerò, parlerai, parlerà, parleremo, parlerete, parleranno
prendere: prenderò, prenderai, prenderà, prenderemo, prenderete, prenderanno
partire: partirò, partirai, partirà, partiremo, partirete, partiranno
mangiare: mangerò, mangerai, mangerà, mangeremo, mangerete, mangeranno
pagare: pagherò, pagherai, pagherà, pagheremo, pagherete, pagheranno
andare: andrò, andrai, andrà, andremo, andrete, andranno

4. avere: io avrò, lui avrà, noi avremo
essere: tu sarai, noi saremo, voi sarete
vedere: lei vedrà, noi vedremo, loro vedranno
venire: tu verrai, Lei verrà, voi verrete
rimanere: noi rimarremo, io rimarrò, lui rimarrà
tenere: io terrò, voi terrete, tu terrai
volere: loro vorranno, lei vorrà, voi vorrete

5. sarò – resterò – tornerò – dovrò – richiamerò – sarà – farò – passerà

6. sarà – cercherò – verrà – porterà – incontrerà – presenterà – sarà – si recherà – guiderà – accompagnerà – ci incontreremo

7. porterà – sarete – si apriranno – si metteranno – finirà – avrete – dovrete – renderà – miglioreranno – riallaccerete – saprete – potrete – regalerà – farete; Al Sagittario

8. **a.** sarai – entrerò **b.** riparerà – telefonerò **c.** riuscirà – La chiamerà **d.** prenderai – ti manderò **e.** finirete – lo accetterò **f.** faremo – ci lascerà

9. *Orizzontali:* **1.** resoconto **4.** cornetta **6.** stipendio **7.** polsini
Verticali: **1.** rapporti **2.** schienale **3.** fascicoli **5.** tasto

10: cfr. testo a p. 46 del manuale

LEZIONE 4

1. **a.** te lo farei volentieri
b. te la scriverei volentieri
c. te li comprerei volentieri
d. te la riparerei volentieri
e. te le stirerei volentieri
f. te li accorcerei volentieri
g. te la presterei volentieri
h. te lo direi volentieri

2. **a.** Mah, posso ridarteli / te li posso ridare
b. Mah, posso riparartela / te la posso riparare
c. Mah, posso fartele / te le posso fare
d. Mah, posso stringertela / te la posso stringere
e. Mah, posso portartelo / te lo posso portare
f. Mah, posso battertela / te la posso battere
g. Mah, posso presentartela / te la posso presentare

3.

	lo	la	li	le	ne
mi	me lo	me la	me li	me le	me ne
ti	te lo	te la	te li	te le	te ne
gli	glielo	gliela	glieli	gliele	gliene
le	glielo	gliela	glieli	gliele	gliene
Le	glielo	gliela	glieli	gliele	gliene
ci	ce lo	ce la	ce li	ce le	ce ne
vi	ve lo	ve la	ve li	ve le	ve ne
gli	glielo	gliela	glieli	gliele	gliene

4. **a.** me la **b.** glielo **c.** glieli **d.** ve ne **e.** gliene **f.** te lo **g.** ce lo

5. **a.** ve la presto **b.** ve lo dico **c.** gliela batto **d.** te lo riporto **e.** te lo porto **f.** Glielo consegno **g.** Ve le spediamo **h.** Te le lascio

6. **a.** ci sarà **b.** avrà **c.** ci vorranno **d.** starà **e.** costerà **f.** aiuteranno **g.** saranno

7. **a. 3.** regalerà **b. 5.** sarai **c. 1.** ti chiederò **d. 4.** faremo **e. 2.** farete **f. 6.** manderanno

8. Avremo – sveglierò – faremo – porterò – andremo – leggerò – farai – cucinerò – laverò – stirerò – coprirò – saremo – invidieranno

9. **a.** testardo **b.** vanitoso **c.** avaro **d.** pignolo **e.** geloso

10. **a.** albergaccio **b.** piazzetta **c.** casette **d.** palazzone **e.** ristorantino **f.** tempaccio **g.** stradaccia **h.** oretta **i.** alberghetto

11. **a.** nastro **b.** messaggio **c.** segnale **d.** riattaccare **e.** richiamata **f.** squilla → *prefisso*

12. cfr. testo originale a p. 58 del manuale

13. riattaccava – rispondeva – (le) lasciavo – accorati – pregavo – intervalli – sono guarito – è squillato – registrata – il segnale acustico

14. uno stormo di uccelli; un mazzo di fiori; un gruppo di ragazzi; una collezione di francobolli; una pila di libri; un servizio di piatti; una raccolta di poesie; un mucchio di carbone;

15. **a.** v **b.** v **c.** f **d.** v **e.** f

LEZIONE 5

1. **a.** aveva provato tante volte a smettere di fumare, ma non c'era mai riuscito.
b. aveva cercato di telefonare a Marisa, ma non l'aveva trovata a casa.
c. erano arrivati in ritardo perché avevano trovato traffico.
d. un motociclista era passato con il rosso e la polizia l'aveva fermato.
e. Luisa aveva studiato giorno e notte, ma (che) purtroppo non era riuscita a superare l'esame.
f. Margherita aveva chiamato il centralino perché non aveva trovato il nostro numero sull'elenco telefonico.

2. **a.** Ha spiegato – aveva imparato – seguendo
b. Ha detto – si era laureato/a – studiando
c. Ha affermato – aveva visto – passando
d. Ha raccontato – era andato/a – prendendo
e. Ha dichiarato – aveva conosciuto – partecipando
f. Ha risposto – era diventato/a – giocando
g. Ha raccontato – era guarito/a – facendo

3. la spalla – il braccio – il gomito – il polso – la mano – il dito – il fianco – la gamba – il ginocchio – la caviglia – il piede – la coscia

4. **a.** fermarsi **b.** rallentare **c.** osservare **d.** dare la precedenza **e.** parcheggiare **f.** attraversare

5. **a.** Devi essere passato con il rosso.
b. Deve aver rallentato troppo tardi.
c. Deve essersi / Si deve essere rotto un fanale.

d. Il conducente deve essersi / si deve essere distratto.
e. Devi aver superato il limite di velocità.
f. Deve essersi / Si deve essere ammaccato un po' lo sportello.
g. Devo essere andato troppo veloce.
h. Dobbiamo aver sbagliato strada.

6. **1** fanale **2** specchietto **3** parabrezza **4** sportello **5** targa **6** paraurti **7** tergicristallo → *Ferrari*

7. **a.** Il disegno n. 1
b. mi trovavo all guida – giunta in prossimità – provenienti – mi accingevo – suddetto – domiciliato – a velocità sostenuta – preventivamente – ingenti
c. rallentavo – urtava – riportava

8. È successo – dovevo – dovevo – ho sentito – mi sono svegliato – mi sono vestito – ho fatto – Ho preso – c'era – ho cominciato – Mancavano – stavo – ha attraversato – ho frenato – pioveva – ha sbandato – sono andato – era – è successo – si sono ammaccate – ha trovato – avevo promesso – ho dovuto – voleva

9. **a.** pista ciclabile **b.** ciclista **c.** metropoli **d.** lungomare **e.** isola pedonale **f.** manutenzione **g.** tragitto

10. **a.** è / viene usata
b. sono / vengono preferite
c. è stato vietato
d. è stata realizzata
e. sono / vengono parcheggiate
f. è / viene chiuso
g. sono state costruite

11. **a.** sono stato tamponato – si era fermato
b. sono stati accompagnati/e – aveva assistito
c. è stato riconosciuto – l'aveva visto
d. è stata avvertita – aveva assistito
e. è stata chiamata – era arrivato

12. viene assegnata – vengono sottoposti – viene prescritta – vengono svolte – vengono organizzate

13. **a.** Un'auto di grossa cilindrata.
b. Una cabina telefonica, un chiosco e una cabina dell'Enel.
c. I carabinieri hanno dovuto disciplinare il traffico e i vigili del fuoco hanno ripulito la strada.

LEZIONE 6

1. parlare: parli, parliamo, parliate, parlino
prendere: prenda, prendiamo, prendiate, prendano
partire: parta, partiamo, partiate, partano
capire: capisca, capiamo, capiate, capiscano

a. I verbi in *-are* terminano in *-i*. Quelli in *-ere* ed *-ire* in *-a*.
b. Uguali all'imperativo formale sono: parli/parlino, prenda/prendano, parta/partano e capisca/capiscano. Uguali al presente indicativo le forme della prima persona plurale.

2. **a.** abbia – abbiate **b.** siate – siano
c. paghi – paghiate **d.** mangi – mangino

3. **a.** stasera finisca di lavorare tardi.
b. abitino vicino alla stazione.
c. sia un bravo medico.
d. guadagniate più di me.
e. conosca Franco e Laura.
f. abbia un appartamento più grande del mio.
g. arrivi più tardi.
h. richiami stasera.

4. **a.** paghino **b.** guadagni **c.** abbia **d.** conosca **e.** si trovi **f.** lavori **g.** finiscano **h.** parta **i.** suoni **j.** insegni

5. sarebbe – un'altra – l'abitudine – suonare – pomeriggio – Suo figlio – case – sottili – proprio – desolata – dispiace – disturbarLa

6. **a.** ti – sia **b.** vi – abbia **c.** mi – conosca **d.** gli – cominci **e.** ci – sia **f.** gli – spendano **g.** mi – distingua

7. **1** vivaci **2** bimbi **3** pareti **4** televisione **5** difficoltà **6** trenino **7** vicine **8** sonnellino → *citofono*

8. **a.** vivace **b.** insofferente **c.** gentili **d.** scemo **e.** vergognoso **f.** sottili

9. andare: vada, andiamo, andiate, vadano
fare: faccia, facciamo, facciate, facciano
uscire: esca, usciamo, usciate, escano
venire: venga, veniamo, veniate, vengano
volere: voglia, vogliamo, vogliate, vogliano

10. sia – parli – faccia – lavori – abbia – esca – venga – resti – voglia

11. **a.** Crediamo che tu abbia fatto male a non parlarne con Lina.
b. Credono che i tempi siano cambiati.
c. Credo che ieri Lucia abbia sbagliato.
d. (Lei) crede che io ieri abbia parlato troppo?
e. Credete che io sia stata poco gentile con Franco?
f. (Lui) crede che Paolo non si sia ancora deciso.
g. Credi che Mario abbia risposto bene all'esame?

12. **a.** Forse / Secondo me **b.** Penso che / Credo che
c. Forse / Secondo me **d.** Penso che / Credo che

e. Forse / Secondo me **f.** Forse / Secondo me **g.** Penso che / Credo che

13. **a.** di essere – sia **b.** abbia – di avere **c.** di potere – di potere **d.** di lavorare – lavori **e.** di fare – faccia

14. Meno male che i bambini ...
E invece niente ...
Ora io dico ...
Tanta difesa del diritto ...
Siedono davanti al ...
L'unica cosa che mi consola

15. **a.** v **b.** v **c.** v **d.** f

LEZIONE 7

1. punizione – baciare – abbraccio – decidere – sospensione – protestare – sciopero – vietare – rispetto

2. **b.** durante la lettura **c.** durante la cena **d.** durante la passeggiata **e.** durante la telefonata **f.** durante il viaggio **g.** durante il sonno **h.** durante il ritorno **i.** durante la partenza

3. **a.** mentre **b.** mentre **c.** mentre **d.** durante **e.** mentre **f.** durante **g.** durante

4. smetterei – partirei – Vedrei – comprerei – darei – cambierei – metterei – investirei

5. avrei smesso – sarei partito – Avrei visto – avrei comprato – avrei dato – avrei cambiato – avrei messo – avrei investito

6. **a.** sarei andato/a **b.** avrei preferito **c.** avrei passato **d.** avrei preso **e.** sarebbe interessato

7. **a.** ci si può discutere **b.** ci si può ragionare **c.** ci si può lavorare **d.** ci si può chiacchierare **e.** ci si può giocare

8. **a.** □ Combinazione ha voluto che mia suocera sia arrivata proprio mentre io guardavo il film in televisione.
○ No, guarda, secondo me tu sei un attimino troppo intollerante.

b. □ Combinazione ha voluto che ieri, mentre andavo a dare l'esame, un gatto nero mi abbia attraversato la strada.
○ No, guarda, secondo me tu sei un attimino troppo pessimista.

c. □ Combinazione ha voluto che al mercato delle pulci mi abbiano venduto una bicicletta rubata.
○ No, guarda, secondo me tu sei un attimino troppo ingenuo.

d. □ Combinazione ha voluto che Franco mi abbia chiesto dei soldi in prestito proprio il giorno in cui avevo preso lo stipendio.
○ No, guarda, secondo me tu sei un attimino troppo generoso.

e. □ Combinazione ha voluto che, oggi mentre mangiavo gli spaghetti, mi sia fatto questa minuscola macchia sulla cravatta.
○ No, guarda, secondo me tu sei un attimino troppo pignolo.

9. stare: stia, stiamo, stiate, stiano
dare: dia, diamo, diate, diano
dovere: debba, dobbiamo, dobbiate, debbano
sapere: sappia, sappiamo, sappiate, sappiano
scegliere: scelga, scegliamo, scegliate, scelgano
rimanere: rimanga, rimaniamo, rimaniate, rimangano
salire: salga, saliamo, saliate, salgano
spegnere: spenga, spegniamo, spegniate, spengano
tenere: tenga, teniamo, teniate, tengano

10. **a.** ... Mario venga più tardi.
b. ... voi non andiate molto d'accordo con i vostri vicini.
c. ... lei/Lei debba avere un po' di pazienza.
d. ... solo voi possiate aiutarmi.
e. ... ai ragazzi rimanga poco tempo per studiare.
f. ... lui scelga senza riflettere.
g. ... Mario tenga molto all'eleganza.
h. ... oggi i giornali non escano a causa dello sciopero.
i. ... questa salsa sappia un po' di bruciato.

11. **a.** sudare sette camicie
b. guai a parlarne
c. si è data un gran da fare
d. non avevo una lira in tasca
e. sono ... all'antica

12. **a.** gli – studiare **b.** mi – andare **c.** gli – rinunciare **d.** le – fare **e.** ti – passare **f.** ci – aspettare

13. **a.** avrebbe guadagnato
b. avremmo mangiato – avremmo speso
c. avrei imparato
d. sarebbe piaciuto
e. avrebbe fatto
f. avrebbero conosciuto
g. saresti diventato/a
h. vi sareste annoiati/e

14. **a.** mangerei **b.** avremmo visitato **c.** L'avrei fatto **d.** preferirei **e.** sarebbe venuta **f.** sarebbe rimasto **g.** passeremmo **h.** dovreste **i.** ti avrei tenuto

15. **a.** me la sono cavata
b. se la cavi
c. te la cavi
d. se la sono cavata / se la cavavano
e. ve la caverete
f. ce la siamo cavata
g. se la sia cavata

16. (1) e (2) per (3) di (4) e (5) ma (6) perché (7) che (8) Se (9) per (10) che (11) se (12) quando

17. **a.** f **b.** v **c.** f **d.** v **e.** v **f.** v

LEZIONE 8

1. **a.** di **b.** a **c.** al **d.** a **e.** in **f.** a **g.** da

2. **a.** Ci sono quelli che spenderebbero tutti i soldi e quelli che invece li metterebbero in banca.
   b. Non mi fido di quelli che parlano tanto e che non conoscono veramente la situazione.
   c. Lamentati con quelli che ti hanno consigliato così male.
   d. A quelli che hanno già visto la mostra, vorrei chiedere cosa ne pensano, quali sono le loro impressioni.
   e. Per quelli che non capiscono l'inglese c'è a disposizione anche una guida in italiano.
   f. Tra i clienti ci sono sempre quelli che non sanno ciò che vogliono, ma pensano che il commesso debba comunque capire i loro desideri.

3. andare: andassi, andassi, andasse, andassimo, andaste, andassero
   avere: avessi, avessi, avesse, avessimo, aveste, avessero
   capire: capissi, capissi, capisse, capissimo, capiste, capissero
   essere: fossi, fossi, fosse, fossimo, foste, fossero
   fare: facessi, facessi, facesse, facessimo, faceste, facessero

4. **a.** dovessi **b.** vedessero **c.** facessi **d.** parlaste **e.** tenesse **f.** fosse **g.** venisse **h.** costasse **i.** vincessi

5. **a.** Se avessi un diploma, troveresti lavoro.
   b. Se avessi i soldi, andrei in vacanza.
   c. Se avessimo tempo, leggeremmo.
   d. Se non piovesse, usciremmo.
   e. Se non avessero da fare, resterebbero.
   f. Se fosse a casa, lo chiamerei.
   g. Se avesse fame, mangerebbe.
   h. Se non dovessero lavorare, verrebbero.

6. **a.** accompagnassi – faresti
   b. potessi – comincerei
   c. mi offrissero – sarei
   d. guadagnassimo – potremmo
   e. fossi – aspetterei
   f. piovesse – uscirei
   g. facesse – perderebbe
   h. mi intendessi – comprerei

7. **a.** A che ti serve ... se poi non la puoi usare?
   b. A che mi serve ... se poi è difficile trovare un lavoro?
   c. A che vi serve ... se la mattina poi siete stanchi?
   d. A che Le serve ... se poi è sempre stressata?
   e. A che ci serve ... se poi non c'è il tempo di vederla?
   f. A che gli serve ... se poi mangia tanto?
   g. A che gli serve ... se poi non si riposano?
   h. A che le serve ... se poi ha paura di metterli?

8. (1) Se (2) così (3) Inoltre (4) anziché (5) se poi (6) infatti (7) perché (8) quando (9) così

9. grand*e* – in – mezzi – in – and*assi* – dovr*ei* – affoll*ati* – la – ad – probl*emi* – trov*are* – i – mi – di – in – di – foss*ero* – prefer*irei* – sono – che – il – que*i* – come – Se – la – girer*ebbe* – dove/in cui – diminuir*ebbe*

10. brucerei – se fossi – sconvolgerei – se fossi – se fossi – se fossi – felice – imbroglierei – se fossi – taglierei la testa – se fossi – se fossi – la stessa cosa – se fossi – prenderei – lascerei – brutte

11. **a.** entri in vigore **b.** correre il rischio **c.** fa sul serio **d.** correre ai ripari **e.** si è ritrovato con le spalle al muro

12. comunale – allarme – settimanale – mese – invernale – estate – popolare – inquinamento – sperimentale – veleno – ambientale – rischio

13. **a.** È il film più bello che abbia mai visto.
   b. È l'albergo più elegante in cui abbia mai dormito.
   c. È il viaggio più interessante che abbia mai fatto.
   d. È la ragazza più bella con cui sia mai uscito.
   e. È la partita più bella a cui abbia mai assistito.
   f. È la commedia più divertente che abbia mai visto.

14. **a.** Dopo aver scopato i pavimenti, ho passato lo straccio.
   b. Dopo aver lavorato per tanti anni in una ditta, si è messo in proprio.
   c. Dopo aver cenato, ha lavato i piatti.
   d. Dopo essere arrivata a casa, ha fatto una bella doccia.
   e. Dopo aver fatto ginnastica, siamo andati a fare la sauna.
   f. Dopo essersi fermati a Cortona, hanno proseguito per Firenze.
   g. Dopo aver battuto i tappeti, abbiamo spolverato i mobili.
   h. Dopo aver parcheggiato la macchina, sono andata a fare la spesa.
   i. Dopo aver bevuto un bicchiere di quel vino, ha cominciato a girarmi la testa.

LEZIONE 9

1. **a.** fa – lascia (Bilancia) **b.** bada (Leone) **c.** ha (Capricorno) **d.** pretende – si tratta (Toro) **e.** sopporta (Vergine) **f.** farsi (Gemelli)

2. **a.** ... vi occorra molto ...
b. ... se mi occorresse una mano ...
c. A Mario non occorre molto ...
d. ... gli occorre ancora qualche giorno ...
e. ... gli occorre la macchina ...
f. Mi occorrono un foglio di carta, una busta e un francobollo da L. 1000.

3. **a.** te la comperò – ti sarai laureato/a
b. mi avrà dimostrato – Le darò
c. te lo darò – mi avrai restituito
d. Potremo – avrò riparato
e. potrà – sarà ritornato
f. tradurrò – avrà battuto
g. sarò andato/a – mi riposerò
h. potrai – avrò trovato

4. **a.** Potrai indossare quel vestito dopo che avrai perduto almeno cinque chili.
b. Franco potrà compare la moto dopo che avrà preso la patente.
c. I soci potranno partecipare al congresso dopo che avranno pagato una quota.
d. Paolo potrà riprendere gli studi dopo che si sarà riposato un po'.
e. Potrò accettare quel lavoro dopo che avrò riflettuto bene.
f. Gli studenti potranno frequentare il corso dopo che avranno fatto un test.

5. **a.** faccia
b. fate
c. fa
d. fai/farai
e. fare
f. abbia fatto
g. fare
h. fa
i. faccia
j. fare
k. ho fatto

6. **a.** f **b.** v **c.** f **d.** v **e.** f **f.** v

7. saresti stato – avresti fatto – avresti litigato – avresti mangiato – saresti stato – avresti giocato – saresti stato – avresti fatto – saresti stato – avresti fatto – avresti tagliato – saresti stato

8. **a.** avrebbe preso **b.** avrebbe aiutato **c.** avrebbe trattato **d.** sarebbero venuti **e.** sarebbe arrivato **f.** si sarebbero sposati – avrebbero fatto **g.** avresti messo – sarebbe stato **h.** avresti/avremmo comprato

9. **a.** (4) **b.** (3) **c.** (5) **d.** (6) **e.** (1) **f.** (8) **g.** (2) **h.** (7)

10. vorrà – si alzerà – uscirà – prenderà – farà – Trascorrerà – schiaccerà – uscirà – farà – regalerà – sarà – si distenderà – Andrà

11. non c'è da meravigliarsi che – per il timore che – capita che
a. per il timore che – senta
b. Capita che – faccia
c. Non c'è da meravigliarsi che – sia rimasto
d. Per il timore che – si svegli
e. per il timore che – rubi
f. Capita che – parta
g. Non c'è da meravigliarsi – parli
h. capita che – ci sia
i. non c'è da meravigliarsi – si sia offeso

12. A lei nessuna ...
Non la si deve ...
Lei ha faticato ...
Lei per dimagrire ...
Lei quando è sola

13. Ho – diverse – sono – dopo – da – quindi – Da – infatti – anche se – età – mica – però – per – morire

LEZIONE 10

1. cerimonia – invitati – partecipazioni – abito – fedi – bouquet – ricevimento – carrozza – bomboniere – viaggio di nozze

2. **a.** La casa va tenuta pulita.
b. I freni vanno fatti controllare con frequenza.
c. Le gomme della moto vanno controllate ogni 1000 chilometri.
d. Le poltrone vanno messe in salotto.
e. Le compresse vanno sciolte in un bicchier d'acqua.
f. Questo modulo va riempito in caratteri stampatello.
g. Questa giacca va lavata a secco.
h. Queste lettere vanno spedite per via aerea.
i. Tutto il lavoro va rifatto da capo.
j. Le pagine vanno girate con delicatezza.

3. deve essere/va – deve essere/va – devono essere/vanno – devono essere/vanno – deve essere/va

4. **a.** v **b.** f **c.** f **d.** f

5. **a.** L'importante è che voi gli scriviate.
b. L'importante è che Mario non perda il lavoro.
c. L'importante è che loro scelgano bene.
d. L'importante è che io segua tutto il corso.
e. L'importante è che mia figlia superi l'esame.
f. L'importante è che tu venga stasera.
g. L'importante è che noi troviamo casa.
h. L'importante è che tu stia bene.

6. **a.** È un film che noi avremmo visto molto volentieri.
b. Sono delle persone che loro avrebbero conosciuto molto volentieri.
c. È un posto in cui tu avresti trascorso le vacanze molto volentieri.
d. Sono libri che io avrei letto molto volentieri.
e. È una società per cui Lei avrebbe lavorato molto volentieri.

f. È un appartamento in cui voi avreste abitato molto volentieri.

7. andai – andò – andammo
pagasti – pagaste – pagarono
potesti – potemmo – poterono
vendei – vendé – vendeste
sentisti – sentiste – sentirono
capii – capì – capimmo

8. **a.** Partì - Marco Polo
b. Scoprì - Cristoforo Colombo
c. Andò - Neil Armstrong
d. amò - Giacomo Casanova
e. parlò - S. Francesco
f. Morì - Napoleone
g. Combatté - Giuseppe Garibaldi
h. Inventò - Guglielmo Marconi

9. essere: fui, fosti, fu, fummo, foste, furono
avere: ebbi, avesti, ebbe, avemmo, aveste, ebbero
fare: feci, facesti, fece, facemmo, faceste, fecero
stare: stetti, stesti, stette, stemmo, steste, stettero
nascere: nacqui, nascesti, nacque, nascemmo, nasceste, nacquero
scrivere: scrissi, scrivesti, scrisse, scrivemmo, scriveste, scrissero
tradurre: tradussi, traducesti, tradusse, traducemmo, traduceste, tradussero
proprorre: proposi, proponesti, propose, proponemmo, proponeste, proposero

10. nacque – era – entrò – cominciò – avvenne – scrisse – cominciò – riprese – si sposò – ebbe – si dedicò – fu – passò – andò – cominciò – seguirono – continuò – ritornò – rimase – si ammalò – Morì – fu

11. Nacque – cominciò – tentò – arrivò – fu – dovette/dové – fu – segnò – fu – scrisse – si ritirò – nacque – fu – decise – fece – morì

12. **a.** Mangiando troppi grassi, non stavo bene.
b. Avendo parlato con Giorgio, sapevamo già tutto.
c. Dormendo poco ogni notte, ero sempre stanco.
d. Essendo stati due anni in Francia, parlano bene il francese.
e. Essendo tornati a casa troppo tardi, non vi abbiamo telefonato.
f. Essendo malato, sono rimasto a casa.
g. Parlando perfettamente tre lingue, non avrà difficoltà a trovare lavoro.
h. Non riuscendo mai a raggiungere i suoi scopi è sempre scontento.

13. **a.** sì **b.** no **c.** sì **d.** no **e.** no **f.** sì **g.** sì **h.** sì **i.** sì

LEZIONE 11

1. **a.** Di fronte a **b.** Per **c.** Per **d.** Per **e.** Di fronte a **f.** Per **g.** Di fronte a

2. **a.** parlassi **b.** arrivaste **c.** aiutasse **d.** restassi **e.** conoscessero **f.** l'accompagnassi **g.** aveste **h.** mi venissero

3. **a.** per uscire **b.** perché – uscisse **c.** per sapere **d.** perché – gli raccontassi **e.** per farci **f.** perché – viaggiassimo **g.** per mostrarle **h.** perché vedesse

4. **a.** leggessi **b.** costava **c.** mi divertivo **d.** si divertissero **e.** imparasse **f.** parlava **g.** smetteva **h.** smettesse **i.** prestava **j.** prestasse

5. **a.** straordinaria **b.** irresponsabile **c.** interurbana **d.** atipica **e.** internazionale **f.** analcolico **g.** disordinato **h.** inutile **i.** scortese **j.** ingiusto

6. rumore intollerabile – caldo insopportabile – piatti immangiabili – vino imbevibile – condizioni irriferibili – cosa incredibile – esperienza indimenticabile

7. **a.** Missoni **b.** Arbore, Missoni **c.** Sanna **d.** Riello **e.** Sanna, Parietti **f.** Arbore

8. **a.** È probabile che gli inquilini non abbiano chiuso il portone.
b. È possibile che i ladri si siano calati con una fune sul balcone.
c. È impossibile che i ladri siano entrati in presenza del portiere.
d. È possibile che il signor Graziani non abbia chiuso bene la porta.
e. È difficile che l'assicurazione abbia pagato già tutto il danno.
f. È assurdo che nessuno abbia sentito dei rumori.

9. **a.** A meno che non sia per qualcosa di importantissimo ...
b. A meno che non troviamo un passaggio ...
c. A meno che non piova ...
d. A meno che non si liberi un posto ...
e. A meno che non l'abbia preso qualcuno ...
f. A meno che non l'abbia sognato stanotte ...

10. **a.** di venire **b.** che facesse **c.** che tu partissi **d.** di cominciare **e.** di scegliere **f.** che tornassero **g.** di andare **h.** che io rientrassi **i.** di fare

11. **a.** Non affrontate mai un lungo viaggio prima di aver fatto ...
b. Non fate mai una seconda sauna prima di esservi riposati ...
c. Non gettatevi mai in acqua prima di esservi bagnati ...
d. Non esponetevi mai al sole prima di esservi protetti ...
e. Non iniziate mai a sorpassare prima di aver guardato ...

12. **a.** abbiano avuto un complice
b. ha pagato i danni
c. abbia lasciato il portone aperto
d. vogliono installare un allarme
e. abbia sentito i ladri
f. è avvenuto

13. **a.** Finché **b.** Finché non **c.** Finché **d.** Finché non **e.** finché **f.** finché **g.** finché non **h.** Finché non **i.** finché non **j.** Finché

14. montai – montare; feci – fare; ripartì – ripartire; incominciò – incominciare; accennai – accennare; mi avvicinai – avvicinarsi; disse – dire; convinse – convincere; fece – fare; passò – passare; buttò – buttare; sospirò – sospirare; bastò – bastare; svitai – svitare; misi – mettere; tolsi – togliere; cacciai – cacciare; disse – dire; mise – mettere; fermò – fermare

LEZIONE 12

1. **a.** soprattutto **b.** Tutt'al più **c.** Tutt'al più **d.** Soprattutto **e.** Soprattutto **f.** Soprattutto – tutt'al più **g.** Tutt'al più **h.** soprattutto

2. **a.** ce ne sono **b.** ce no sono **c.** ce n'erano **d.** ce ne sono **e.** ce n'era **f.** ce n'erano **g.** ce ne sarà **h.** ce ne sono

3. ... mi saluti con un bacio; mai che a tavola mi rivolga la parola se non per chiedermi l'olio e il sale; mai che mi chieda se ho voglia di fare qualcosa con lui, mai che mi proponga di uscire un po'; mai che mi abbracci; mai che sia un po' tenero con me; mai che mi dica qualcosa di carino. ..

4. **a.** 2. **b.** 3. **c.** 4. **d.** 1.

5. **a.** (5) cominciasse **b.** (4) venisse **c.** (6) lasciasse **d.** (1) rubassero **e.** (3) mi ritornasse **f.** (2) raccontasse **g.** (8) ci facessero **h.** (7) ti venisse

6. **a.** conosca **b.** abbia **c.** vada **d.** consumi **e.** stia **f.** riceva **g.** tratti

7. **a.** sapessimo **b.** parlasse **c.** fosse **d.** cantassi **e.** dispiacesse **f.** partissi **g.** aiutassero **h.** arrivaste

8. **a.** vi conosceste **b.** Le piacesse **c.** ti ricordassi **d.** lo parlassi **e.** venissero **f.** partiste **g.** ti sposassi **h.** fosse

9. **a.** Adesso guadagno più di quanto guadagnavo prima.
b. Dal mese prossimo lavorerò meno di quanto ho lavorato finora.
c. Nella nuova casa pagheremo meno di quanto abbiamo pagato finora.
d. Con la nuova dieta potrò mangiare più di quanto ho mangiato finora.
e. Oggi vedremo meno di quanto abbiamo visto ieri.
f. L'anno prossimo studieremo più di quanto abbiamo studiato quest'anno.
g. Il mese prossimo risparmierò più di quanto ho risparmiato questo mese.

10. **a.** pizzetto
b. era in vena di chiacchierare
c. sono abbastanza parco nel cibo
d. mi nutro
e. mi sembra una pazzia
f. è finita con le limonate

11. raccontò – raccontare (reg.)
esclamò – esclamare (reg.)
chiese – chiedere (irr.)
propose – proporre (irr.)
sentenziò – sentenziare (reg.)

12. **a.** Se non dovessimo trovare un volo, partiremo in treno.
b. Se tu non dovessi riuscirci da solo, ti aiuterò io.
c. Se dovessi uscire dall'ufficio dopo le sette, ci vedremo direttamente a teatro.
d. Se dovesse esserci sciopero dei mezzi pubblici, vi accompagnerò io all'aeroporto.
e. Se i soldi non dovessero bastarvi, vi aiuteremo noi.
f. Se non doveste trovarvi bene in quest'albergo, ve ne cercherò un altro.
g. Se dovesse fare brutto tempo, anziché fuori mangeremo dentro.

13. **a.** (4) dovessi – lascerò
b. (5) dovessi – ridarai
c. (1) dovesse – finirà
d. (2) dovessimo – prenderemo
e. (3) doveste – porterò

LEZIONE 13

1. **a.** mi aveste avvisato
b. l'avessi conosciuta
c. avessero risposto
d. ce ne fossimo accorti
e. mi fossi presentato
f. fossi arrivato

2. **a.** avesse prenotato – avrebbe trovati
b. me l'avessi detto – ti avrei accompagnato/a
c. mi avesse dato – L'avrei avvisata – Le avrei detto
d. aveste telefonato – saremmo venuti/e
e. ci fosse stato – sarei arrivato/a
f. avesse studiato – avrebbe avuto

3. **a.** Se non mi fossi distratto, non avrei avuto l'incidente.
b. Se non fossimo arrivati tardi, non avremmo fatto la coda al check-in.
c. Se avessi studiato, avresti superato l'esame.
d. Se non avessi cominciato a lavorare, non avrei interrotto gli studi.

e. Se avessi avuto appetito, non avrei preso solo un'insalata.
f. Se ci aveste invitati, saremmo venuti.
g. Se avessi trovato l'uomo giusto, mi sarei sposata.
h. Se non fossi stato due anni a Londra, non avresti imparato così bene l'inglese.
i. Se avessero trovato lavoro in Italia, non sarebbero emigrati in Germania.
j. Se avessi trovato il suo numero sull'elenco telefonico, gli avrei telefonato.

4. **a.** fosse stata – **3.** si sarebbe innamorato
b. fosse stato – **6.** avrebbe ucciso
c. avesse voluto – **5.** avrebbe sposato
d. fossero stati – **2.** si sarebbero sposati
e. avesse avuto – **1.** avrebbe fatto
f. avesse affondato – **4.** avrebbe conosciuto

5. **a.** Se non ci mettevi ... non perdevamo ...
b. Se prenotavate ... trovavate ...
c. Se prendevano ... facevano ...
d. Se partivi ... arrivavi ...
e. Se prendevate ... spendevate ...
f. Se cambiavamo ... non perdevamo ...
g. Se non ti mandavo ... non ti arrivava ...

6. Dopo quell'incontro ...
Abbiamo cominciato a ...
Un mese fa gli ...
Allora sono esplosa ...
La domenica successiva ..
Ecco cosa faceva ...

7. **a.** piovesse – 9. **b.** avesse – 3. **c.** conoscessimo – 6. **d.** sapesse – 8. **e.** sapessero – 1. **f.** conoscessimo – 5. **g.** mi facesse – 7. **h.** tornasse – 2. **i.** fosse – 4.

8. **a.** Benché/Sebbene fosse già in pensione ...
b. Benché/Sebbene mi fossi rivolta al consolato ...
c. Benché/Sebbene durante la sua gioventù fosse stato in Brasile ...
d. Benché/Sebbene avesse frequentato per mesi la scuola guida ...
e. Benché/Sebbene non avesse la ricetta medica ...

9. **a.** mi ci **b.** vi ci **c.** ci **d.** ce l' **e.** ti ci **f.** ce li

10. mi dispiace – è possibile che – Senti chi parla! – E dagli – benché – se – Macché – Figurati!

11. essendo – in – è successo – periodo – ho versato – Benché – fosse – durante – perché – ho preferito – Inoltre – avessi – avrei – vedo – Distinti

12. **a.** 3. **b.** 5. **c.** 6. **d.** 1. **e.** 4. **f.** 2.

14. **a.** f **b.** v **c.** f
a. v **b.** v **c.** v

LEZIONE 14

1. **a.** mugugno **b.** percorso **c.** parapiglia **d.** guai **e.** minacce

2. **a.** bruciasse **b.** cadessi **c.** mi tagliassi **d.** andassi **e.** investisse

4. **1.** peste **2.** trombone **3.** frana **4.** pallone gonfiato **5.** salame

5. **a.** ... se mi aveva / avesse comprato ...
b. ... se ero / fossi stato ...
c. ... se affittavamo / affittassimo ...
d. ... quando era / fosse tornata ...
e. ... dove aveva / avesse conosciuto ...
f. ... se avevamo / avessimo già mangiato in ...

6. **a.** era stanchissimo perché la notte non riusciva più a dormire.
b. non avevano fame perché avevano mangiato troppo a pranzo.
c. era tornato in città perché in campagna faceva troppo freddo.
d. era rimasta a casa perché nessuno le aveva detto che c'era una festa.
e. gli / le potevo prestare la macchina perché la sua non funzionava.
f. aveva deciso di cambiare lavoro perché di quello non ne poteva più.
g. era meglio tenere ancora i soldi in banca perché in quel momento non conveniva fare investimenti.

7. **a.** quello che / ciò che
b. chi – quello che/ciò che
c. coloro che/quelli che
d. Quello che/Ciò che
e. Chi
f. Quello che/Ciò che
g. quelli che/coloro che

8. **a.** aver cercato **b.** aver fatto – aver dato
c. essermi ferito **d.** aver preso
e. aver trovato **f.** essere dimagrito/a
g. essermi perso/a **h.** aver finito
i. averti svegliato/a

9. **a.** parla **b.** chiedi **c.** essere/arrivare
d. usare **e.** porta

10. **a.** 15% **b.** 45/54 anni **c.** 52% **d.** 45% **e.** pensionati e lavoratori autonomi **f.** nel Nordest dell'Italia **g.** nel Centro Italia

LEZIONE 15

1. a tempo pieno – dirigente – pavimenti di legno – una documentazione – una riunione di lavoro – foglietti pubblicitari – un centro commerciale – dei soggiorni di studio – campeggio – una scampagnata – fine settimana – festa – compagno – vivere da sola

2. **a.** sandwich **b.** autogrill **c.** baby-sitter **d.** break **e.** drink **f.** show **g.** check-in

3. **a.** immediatamente
chi svolge un lavoro ben preciso
b. allontanarsi via mare
c. ci vuole poco
d. che servono solo a far disperare il cittadino

4. **a.** all'ultimo momento / in extremis
b. appunto / pro memoria
c. in provetta / in vitro
d. a pari merito / ex aequo
e. migliore / non plus ultra
f. errore / lapsus
g. il modo di vedere / la forma mentis

Finito di stampare nel mese di ottobre 2000
da Guerra guru s.r.l. - Via A. Manna, 25 - 06132 Perugia
Tel. +39 075 5289090 - Fax +39 075 5288244
E-mail: geinfo@guerra-edizioni.com